W0288705

Langenscheidt
Wörterbuch

Kuriose Namen

Langenscheidt

München · Wien

Langenscheidt Wörterbuch
Kuriose Namen

Sammlung der Namen: Anita und Martin Bubenheim
Projektleitung und Redaktion: Gudrun Rücker
Gestaltung und Satz: Das Illustrat, München
Fotos: Die allermeisten Fotos wurden uns von den Namensträgern zur Verfügung gestellt, dafür unser herzlicher Dank. Alle anderen stammen von Anita und Martin Bubenheim.

Illustrationen/Fotos: Morphart Creation/Shutterstock (S. 11), studiostoks/Shutterstock (S. 13/103), Crisan Rosu/Shutterstock (S. 14), AntartStock/La1n/Andrei Tarchyshnik/Shutterstock (S. 17/19), Dmitriip/Shutterstock (S.18),anna42f/Shutterstock (S. 21) Everett Historical/Shutterstock (S. 22), jumpingsack/Shutterstock (S. 23/25), lynea/Shutterstock (S. 24/35), phipatbig/Shutterstock (S. 25), Brian A Jackson/r.classen/VICUSCHKA/photastic/Matt Benoit/robtek/Shutterstock (S. 27), stickerama/Shutterstock (S. 29), Nonnakrit/Shutterstock (S. 31), Arthimedes/Shutterstock (S. 33), Leremy/Shutterstock (S. 39/41/43/51/89/109), d'Naya/NotionPic/Alexander Ryabintsev/Tatsiana Tsyhanova/Shutterstock (S.64/65), Enmaler/Shutterstock (S. 66), Dashikka/Shutterstock (S. 67), elenabsl/Shutterstock (S. 68), VSForever/Shutterstock (S. 69), Praneat (S. 71), Peter Kotoff/photka/ Tatiana Popova/Suwat Wongkham/Shutterstock (S. 73), Thomas Couture/Szilas/Wikimedia Commons (S. 74/75), ByEmo/Shutterstock (S. 77), Ezepov Dmitry/Shutterstock (S. 79), Mike Price/Eric Isselee/ withGod/Aleksandar Grozdanovski/Volkova/Tischenko Irina/Kirsanov Valeriy Vladimirovich/Protasov AN/Kletr/Shutterstock (S. 83) abeadev/artenot/Shutterstock (S. 85), Morphart Creation/Hein Nouwens/ Nattle/Shutterstock (S. 87), eva_mask/benchart/Ksena Shurubura/Shutterstock (S. 89), Amplion/ Ramona Kaulitzki (S. 91), natrot/Shutterstock (S. 95/97), VectorPot (S. 101), omararia/Shutterstock (S. 105), Aleksandra Novakovic (S. 107)

Alle Namen sind über viele Jahre hinweg von Anita und Martin Bubenheim gesammelt worden. Zum Schutz der Privatsphäre der Namensträger haben wir jedoch die Vornamen geändert und/oder abgekürzt. Sollte es in der jetzigen Kombination Vor- und Nachname Übereinstimmungen mit lebenden Personen geben, sind diese rein zufällig und keinesfalls beabsichtigt.

Druck und Bindung: Druckerei C. H. Beck, Nördlingen
ISBN 978-3-468-73907-1
www.langenscheidt.de

16010

KURIOSE NAMEN

Inhalt

Vorwort

»Namen sind Schall und Rauch«, sagt ein Sprichwort – gehört und bald vergessen. Wenn Sie jedoch Schlotterhose, Dudelsack oder Hassdenteufel heißen, sieht die Sache anders aus. Einen solch kuriosen Namen samt der dazugehörigen Person vergisst man nicht so schnell.

Im deutschsprachigen Raum existieren mehr außergewöhnliche Familiennamen, als man annehmen würde. Mit etwas Aufmerksamkeit begegnen sie einem an vielen Stellen, so z.B. im Abspann von Fernsehsendungen, auf Fahrzeugbeschriftungen, auf Grabsteinen, in Anzeigen, auf Türklingeln, Briefkästen … Besonders ergiebige Fundorte für ungewöhnliche Namen sind aber Telefonverzeichnisse und namenskundliche Schriften.

Allen Trägern eines kuriosen Nachnamens sei versichert, dass in der Regel nicht über die Person, sondern nur über den Namen gelacht wird. Ungewollt kann man

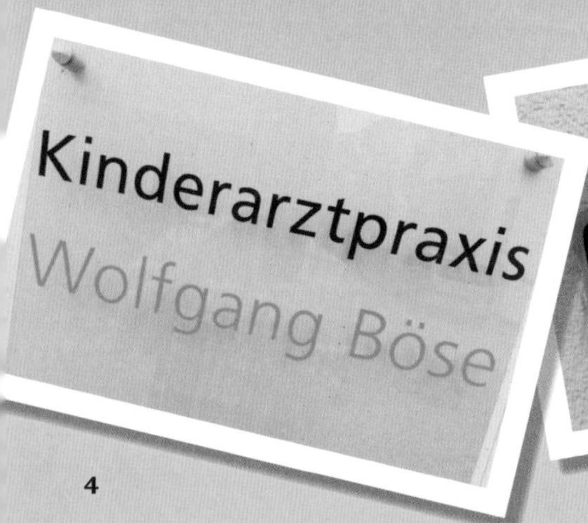

ja meist nicht anders, als sich bildlich den Bedeutungsinhalt des heiteren Namens vorzustellen. Wer würde z.B. bei dem Namen »Hühnerreiter« nicht amüsiert an einen Menschen denken, der auf einem Huhn durch die Gegend reitet, oder bei »Rauchmaul« nicht an einen Mund, aus dem es übel qualmt. Sollten Sie Ihren Namen in diesem Buch wiederfinden, sehen Sie es also positiv – freuen Sie sich darüber, daß Sie zu einer Gattung Mensch gehören, die in einer Zeit nüchterner Sachlichkeit zur Erheiterung ihrer Mitmenschen beiträgt!

Zum Schluss sei noch einmal versichert: Alle wiedergegebenen Namen gibt oder gab es wirklich – auch wenn man es in manchen Fällen gar nicht glauben mag!

Viel Spaß beim Stöbern!

ANZ EIERSTOCK K.H. BLEIFU
HERESA DICK-SCHENKEL MARIANNE
S. SILBERZAHN KATRIN SAUFUS
CHMIERMUND JAMES SCHLUN
UTÖHRLEIN JÖRG DARM LEON TIE
USS ANNE FINGERNAGEL H. ZUCKBÄ
LAURA LÖWENBRUST T. BLASE
LAUDIA AALKOPF BERND FRESSE
RIPPE PATRICK SCHWEINSOHR N
WEINESBEIN S. G

DER MENSCH

L.S. SAUKOPF FLORIA
IRN
PPO
TER
LIN FISCHBEIN DIRK BREITSC
JOACHIM T. BUSEN HANNAH
FRANZISKA HÜHNERKOPF DANIEL DICKKOP
HABICHTSNASE MAX HUNDSHAA
ROLAND WEICHKOPF K. HINTERKOP
KIM BLAUFUSS HORST B
FAMILIE DÜNNEBACKE A. STOPP
K. BIERÄUGEL OTTO TODBL
T. FRAUENSCHLÄGER M. HACK
RBEN HANS STUHLHART A. D
K. FLIEGENBISS J. LIEBE

BERNHARD K. HELDENFINGER
IDELHIRN ADRIAN GÄNSEH
ORENZ KNACKFUSS S. GEW
OBERT KILLERHALS C.NIEDERGESÄSS
PF GERT GOLDFINGER RÜDIGER SCH
FRIDA AUGENBRAUN E.-M. KUHFUSS
P RAUCHFUSS ZACHARIAS ZITTERB
JOSEPH SCHWEINSK
A KUSSMAUL THOMAS GRAULO
TZE TIMO SEELE H. MAC
NINA LÖWENHERZ
HIENBEIN FRAUKE FUSSNAGEL JAN K
G ZITTERKOPF F. SCHMERBAUCH
AS ÜBELHAUPT PHILIPP IGELHAUT
WITHA HOHLBAUCH KEVIN SCHWEINAU
MANUELA SPECKHALS A. GEILFUSS
ZENFUSS MARKUS DRACHENHAND
TOR RALF BARFUSS TIM Z. HÜHNERBEIN
I UWE WARMBEIN Z. KACKE
ELA FUCHSMAGEN MAX FLEISCHBEIN
HSCHENKEL C. STOPPEL
EIN RAPHAEL BIEREICHEL
ER CHRISTIAN SIEBENHAA
ER U. SITTE
HÖLLE L. VOGELWÜRGER
C. PFÖRTNER VON DER H
DEMUTMANN P. VOLLKOMMENER

DER MENSCH

Reale und seltsame Körperteile

NEUER FLEISCHSKANDAL ERSCHÜTTERT DIE REPUBLIK!

Unsere Reporter **Siegfried Silberzahn** und **Doris Kußmaul** berichten: In Tiefkühltheken fanden Lebensmittelprüfer in den letzten Wochen neben **Brühschenkel** und **Rauchfuß** auch **Fuchsmagen, Löwenbrust** und sogar marinierte **Igelhaut**. »Dass **Hühnerkopf, Entenfuß** und seit neuestem auch **Katzenellenbogen** als exotische Spezialitäten gelten, war uns schon suspekt,« berichtet Verbraucherschützer **Habichtsnase**, »doch bei **Schmiermund** und **Spindelhirn** ist die Grenze überschritten!« Noch schlimmer klingt das als Neuheit angepriesene Gericht »**Eierstock** im **Hohlbauch**« von der Firma **Kackebart**.

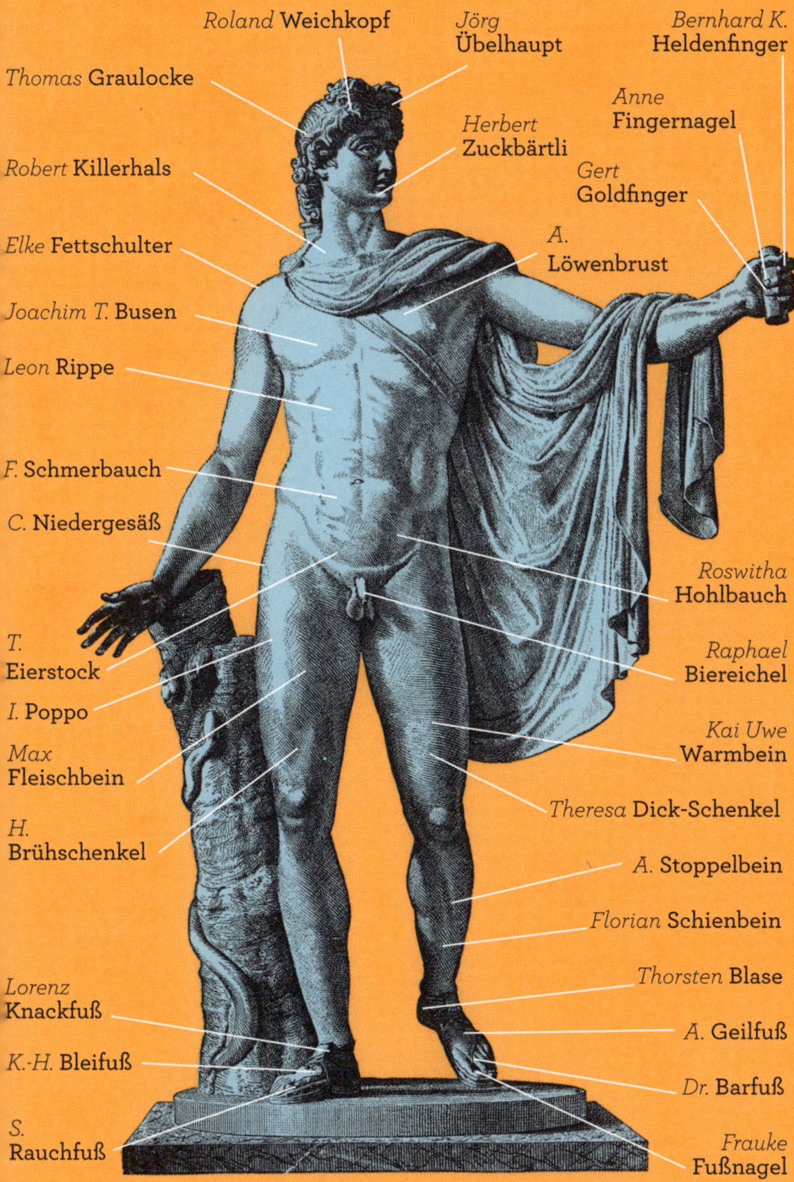
Roland Weichkopf
Jörg Übelhaupt
Bernhard K. Heldenfinger
Thomas Graulocke
Anne Fingernagel
Herbert Zuckbärtli
Robert Killerhals
Gert Goldfinger
Elke Fettschulter
A. Löwenbrust
Joachim T. Busen
Leon Rippe
F. Schmerbauch
C. Niedergesäß
Roswitha Hohlbauch
T. Eierstock
Raphael Biereichel
I. Poppo
Kai Uwe Warmbein
Max Fleischbein
Theresa Dick-Schenkel
H. Brühschenkel
A. Stoppelbein
Florian Schienbein
Thorsten Blase
Lorenz Knackfuß
A. Geilfuß
K.-H. Bleifuß
Dr. Barfuß
S. Rauchfuß
Frauke Fußnagel

ALLES 007?

James Schlund im Kampf gegen den Bösewicht **Killerhals**
Titelmelodie »**Heldenfinger**« gesungen von **C. Niedergesäß**
Der von der Weltherrschaft besessene **Pjotr Übelhaupt** lockt mit Hilfe seiner Agentinnen **Nadja Kußmaul** und **Irina Poppo** den amerikanischen Waffenproduzenten **Drachenhand** in eine Falle. Nur das Eingreifen von **Gutöhrlein** und **James Schlund** kann Schlimmstes verhindern...

Daniel
Dickkopf

Roman
Schädel

Dirk
Breitschädel

Peter
Stoppelhaar

Christian
Siebenhaar

S.
Glatze

Marianne
Spindelhirn

Frieda
Augenbraun

K.
Bieräugel

Kevin
Schweinauge

Karl
Gutöhrlein

Ralf
Habichtsnase

Detlef
Kuhmaul

B.
Hühnerkopf

Christian
Schmiermund

Tom R.
Schnute

Nadja
Kußmaul

Ulla
Schlund

Bernd
Fresse

G..
Fuchsmagen

Zacharias
Zitterbart

Familie
Dünnebacke

Z.
Kackebart

Manuela
Speckhals

S.
Silberzahn

P.
Igelhaut

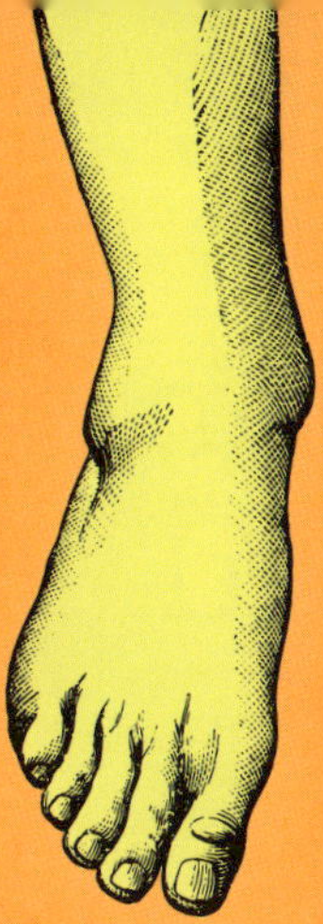

Esther
Krummbein

Boris
Knackbein

Günther
Hinkefuß

E.
Klapperbein

Serge
Rauchbein

Joseph
Krummfuß

Harry
Platzfuß

Raoul
Krachfuß

Claudia
Magerbein

Thorsten
Hinkefuß

Dr. G.
Entenfuß

C.
Schlimmfuß

Manuel
Krücke

Uschi
Entenfuß

K. H.
Schweinesbein

DER MENSCH

Von Wehwehchen, Krankheiten und Gesundmachern

NEUE KRANKHEITEN

Altbekannt sind **Scharlach**, **Pest** und **Karies** – aber fragen Sie Ihren Arzt oder Apotheker doch mal nach den typischen Merkmalen bei akutem **Blaukopf**, bitten Sie Ihre Physiotherapeutin um eine Behandlung von **Klapperbein**, **Platzfuß** oder **Zitterkopf**! Im Kosmetikstudio kennt man sich aus mit Produkten gegen **Mitesser**, bietet der **Rothaut** eine Salbe auch in **Kreideweiß** – doch was tun gegen **Zerrenhaut** und **Dürrleber**?

Serge
Rauchbein

Dieter
Mundschau

Christoph-Maria
Siebenstich

Peter
Fieber

Erich
Wasserbauch

Klaus
Ziehfuß

Bruno
Heiler

Siegfried
Krüppel

Waltraud
Quaddel

F.
Pille

M.
Klapperbein

Joachim
Platzfuß

Jörg
Zitterkopf

Pierre
Rothaut

G.E.
Blaßbalg

Lorenz
Knackfuß

Ulf
Zerrenhaut

Sepp
Kreideweiß

Zacharias
Zahnweh

A.
Unbehagen

Björn
Offenloch

Walter Virus • *Mortimer* Pulsfort
Franz Wundschock • *Karin* Stuhlhart
Pierre Rothaut • *Karl* Tripper • *Carla* Fliegenbiß
Rüdiger Handlos • *Ferdinand* Wunde • *Ursula* Salbe
Verena Glotzauge • *W.* Bockhorn • *Dr.* Kittelmann
Benjamin Knötlein • *Melanie* Einäugler
Prof. Doktor • *Nina* Irre

BESATZUNG DES PIRATENSCHIFFS BAZILLE

Kapitän: **Siebenstich**
Navigator: **Glotzauge**
Quartiermeister: **Krummfinger**
Bootsmänner: **Ziehfuß, Beinbrech, Krücke**
Schiffszimmermänner: **Wurmstich, Autsch**
Kanoniere: **Offenloch, Handlos, Blaßbalg, Pille**
Schiffsarzt: **Wundschock**
Rudergänger: **Einäugler, Krummhals, Immerheiser**
Smutje: **Rotgalle**
Pulverjunge: **Jammerer**
Rumverwalter: **Zitterich**

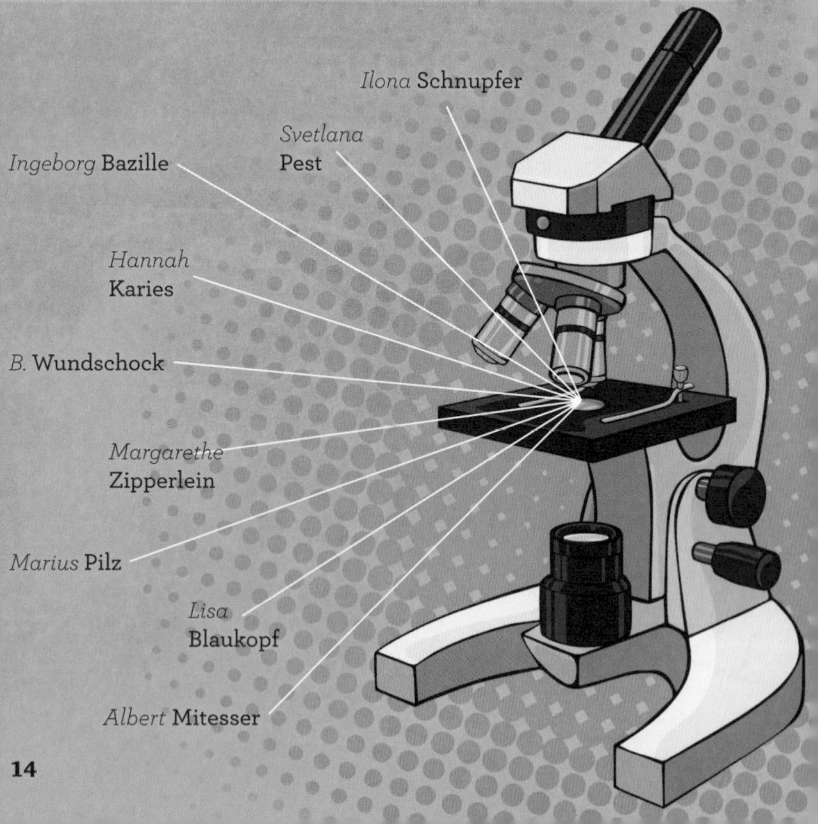

Susanne
Kropf

Maria
Stichweh

Verena
Glotzauge

Steffi
Krumhals

Bastian
Ziehfuß

Prof.
Immerheiser

Z.
Zitterich

Achim
Jammerer

Viktor
Schneidarzt

Roger
Krummfuß

Konrad
Ohnmacht

Alma
Blind

Resi
Rotkopf

Karl
Brille

S.
Wurmstich

Claus
Chirurg

Ute
Beinbrech

Alyssa
Krücke

H.
Zerrenhaut

Klaus
Autsch

Werner
Rotgalle

Patrizia
Apotheker

D.
Fingerlos

Ernst
Dürrleber

Heinz
Herzbruch

Harry
Platzfuß

Verena
Scharlach

Isolde
Krummfinger

Volker
Augenarzt

D.
Siebenschock

DER MENSCH

»Edel sei der Mensch, hilfreich und gut« – anständige Menschen

HABDANK MEIN GUTERSCHWAGER!

Du warst mir **Immertreu**, *ein* **Vollkommener Kamerad Ingeduld. Artig, Ehrbar, Liebundgut.**
Als **Frauendiener** *warst stets du ein* **Wonnemann** *und* **Schenkhut. Höflich. Nett** *und* **Viellieb.**
Du **Feingesell**, *ich* **Danke** *dir in* **Wahrheit**!
Dein **Ehrsam Diener** *und* **Gutwillig Fürsprech** *verbleibe ich* **Vollgnad** *dir* **Immergut**,

Dein **Lieberfreund**
Friedlieb

Matthias Guter-schwager
Philipp Wonnemann
Günther Frauendiener
Irmgard Immergut
Thomas Schenkhut
Sebastian Feingesell
Hugo Lieber-freund

Thorsten
Kavalier

Dr.
Artig

Kunibert
Edelmann

Oliver
Ehrenfreund

Diana
Tugendlieb

Isolde
Sitte

Michael
Treudienst

Hippokrates
Nothelfer

Heidi
Eitelfrei

Georg
Mitleider

Felix
Bescheiden

Thomas
Guterwill

Tobias
Freudenmacher

K. P.
Diener

Daphne
Danke

Pierre
Fürsprech

Holly
Unverzagt

Theophil
Demut

Annkatrin
Wonnemann

Professor
Immerwahr

Gregor
Gutgesell

Hannes
Höflich

Theobald
Ehrsam

Henriette
Verlaß

Franz
Liebeskind

Patricia
Friedlieb

Tom
Habdank

Ingo
Kamerad

Irmgard
Ingeduld

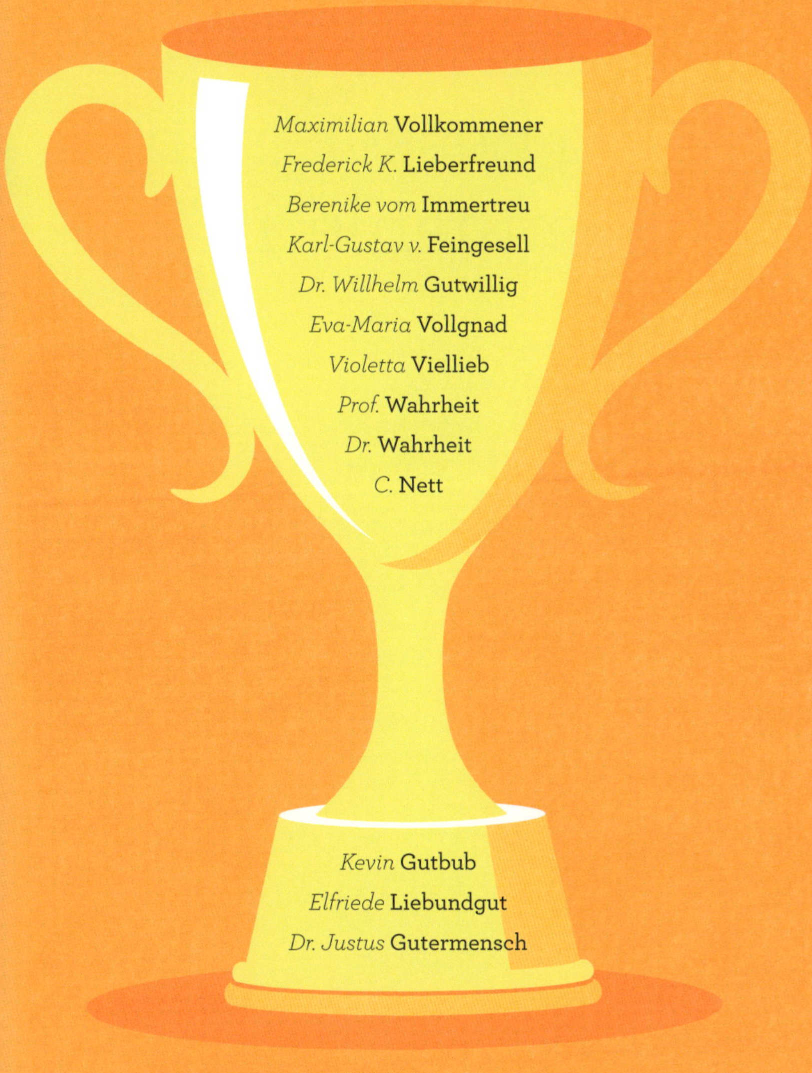

Maximilian Vollkommener
Frederick K. Lieberfreund
Berenike vom Immertreu
Karl-Gustav v. Feingesell
Dr. Willhelm Gutwillig
Eva-Maria Vollgnad
Violetta Viellieb
Prof. Wahrheit
Dr. Wahrheit
C. Nett
Kevin Gutbub
Elfriede Liebundgut
Dr. Justus Gutermensch

Menschen, die man besser nicht kennenlernt

ÜBERALL UNGEHEUER

Sie lieben Ihre Katze? Haben Sie schon mal die Klingelschilder Ihrer Umgebung kontrolliert? Sind Sie sicher, dass da nicht ein **Katzenschläger** wohnt? Vielleicht ein **Ochsentreter**, **Sauschläger** oder **Ziegenwürger**?? Wer weiß, ob die nicht auch Ihrem Liebling als Pfotenhauer Gewalt antun! **Tausendteufel**! Wie schützt man sich vor so einem **Foltermann** oder **Mordhorst**? Die Polizei warnt eindringlich vor **Maffia** und **Frauenschläger**. Selbst beim Fußball gibt es **Beißer** und **Umhauer**. Der Schiri als **Drohmann** kann die **Schläger** und **Klopper** auf den Rängen nicht beeindrucken. Irgendein **Haßkerl** hetzt gegen Fremde aller Art, macht Flüchtlinge zum **Neufeind** und übt mit seinem **Kampfenkel** »**Haudruff** und **Schlagnieder**«. Und plötzlich ertappt man sich: Man wünscht doch glatt all diesem Pack voll **Hass** nur …

B. Zwicker
T. Böse-Wolf
K. Ziegenwürger
T. Frauenschläger
H.-D. Pfaffenschläger
K. Bösehans
R. Mohrenstecher
G. Haßkerl
L. Streitbürger

L. Vogelwürger

S. Mannfraß

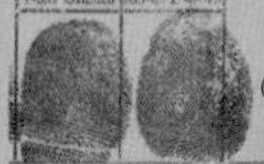
G. Entenmörder

J. Pirat

A. Todblender

T. Ochsentreter

E. Siebenlist

R. Wüterich

U. Lügner

Dr. Pfotenhauer

R. Killer
Dr. F. Hodenschneider
M. Augendübler
G. Schlagnieder
C.H. Klopper
T. Maffia
E. F. Schlächter
G. Umhauer
T. Foltermann
E. Freibeuter
K. Schläger
L. Beißer
D. Drohmann
K. Haudruff
K. Kampfenkel
P. Mannschreck
U. Mordhorst
F. Leiche

B. Zuckmesser · M. Machleid

W. Stechemesser · E. Gewalt · Z. Tod

O. Übelmesser · B. Todblender · B. Neufeind

W. Scharfschwert · J. Würger · H. Hartfaust

B. Bombe · Dr. Dr. Übelhirn · G. Schlagzu · A. Sauschläger

E. Hackemesser · A.-K. Katzenschläger

A. Senkbeil · R. Barbar · Prof. H. Bösemann

F. X. Langschwert · V. Hass

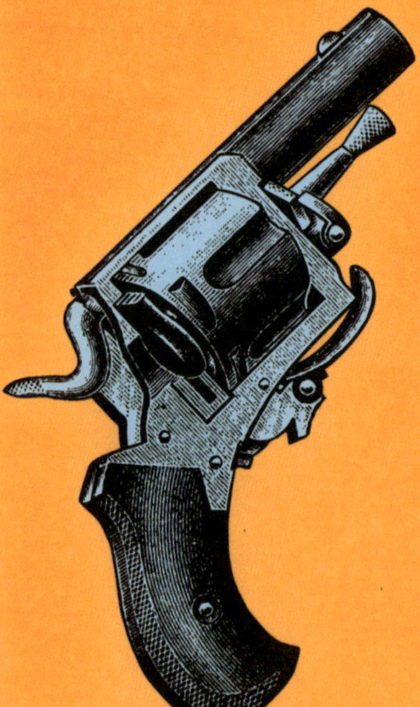

DAS MOORLUDER

Die Angst ging um in diesem November: Nach genau einhundert Jahren machte sie wieder von sich reden – die **Unfrau** aus dem Schwarzen Moor. Als Ehebrecherin soll sie einst versenkt worden sein, daher der Name **Moorluder**.
Wie ein bösartiger **Kobold** erschien sie zum letzten Neumond: Die »**Finsternacht**« war **Windig** und **Seltsam**. **Heimlich** schlich die Gestalt mit dem **Irrsack** durch das Dorf in der Rhön. **Flegel**, **Salpeterer**, **Katzenbeißer** und **Zerrenkittel** waren in ihrem Gefolge. Schon begannen die **Ohresser** ihr grässliches Spiel, **Zwicker** und **Streckbein** plagten die Kinder. Der krächzende **Klauflügel** verbreitete Angst und Schrecken. Nur durch das beherzte Eingreifen von Elvira **Siebenlist** konnte das drohende Neunübel verhindert werden. Mit **Viellist** und einem gezielten Steinwurf enttarnte sie die **Fälscher** mit der Maske. **Streitbürger**, **Lügner** und **Spinner** waren es, die sich **Frech** die alte Sage zu eigen gemacht hatten. Elvira aber wird ausgezeichnet mit dem Goldenen **Hundertschocker** und erhält den Titel »**Mannschreck** des Jahres«!

R. Höllwart
H. Ungeheuer
I. Tausendteufel
F. Dämon
J. Hölle
H. Satan
C. Irrsack
D. Salpeterer
F. Hölldampf
W. Siebenäuger
R. Kobold

V. Tausendfrevel
K. Ohresser
T. Viellist
X. Spinner
R. Schläger
J. Hundertschocker
E. Neunübel
N. Mannschreck
T. Finsternacht
C. Klauflügel
S. Windig

H. Seltsam
W. Heimlich
Z. Zerrenkittel
A. Streckbein
D. Frech
P. Flegel
G. Fälscher
P. Pförtner von der Hölle

DER MENSCH

Glückspilze, Gewinner und andere Sonntagskinder

SO KANN SELBSTVERWIRKLICHUNG GEHEN:

- **H.-H. Sorgenfrei**, Versicherungskaufmann
- **S. Freudenmacher**, Sachverständige Immobilienbewertung
- **R. Obenauf**, Dachdecker
- **C. Hübschmann**, Porträt-Fotografin
- **I. Mitlacher**, Psychotherapeutin
- **H. Reichmann**, Zahnarzt
- **T. Reichmann**, Wirtschaftswissenschaftler mit Eintrag bei Wikipedia!
- **Laurenz Lorbeer**, Schriftsteller (1901-1973) – verdiente sich mit seinen Büchern so einige Lorbeeren und wurde sogar zum Ehrenbürger der Stadt Wittenberg ernannt.
- **M. Klugmann**, Lehrer
- **M. Rübenkönig**, selbständiger Landwirt

Emmelie Sonnenschein

Leon Friedensprung

Gregor Ohnesorge

Hannah Herzensfroh

Trude Wohlzufrieden
Georg Gutezeit
Mandy Frohlocker
K.T. Tausendfreund
Henry Wonnemann
Dipl.-Kfm. Aschemacher
Hauke Schönling
Susanne Sommerwonne

DIE IDEALEN PARTNER FÜR ALLE LEBENSLAGEN:

Im Urlaub: **Sonnenschein – Gutezeit – Freudensprung – Paradies – Ohnesorge**
Auf der Bank: **Großerbe – Immerreich – Aschemacher – Gutgeld – Vollgold**
In der Spielbank: **Gutgewinner – Findschatz – Findepfennig – Gutglück**
Im Restaurant: **Gutezeit – Wohlzufrieden – Tausendfreund**
In der Liebe: **Paradies – Zumglück – Herzensfroh – Glücklich – Freudenvoll**
Zur Silvester-Gala: **Leichtermut – Frohlocker – Hundertschuh**

Gernot
Wohlzufrieden

Erich
Großerbe

Dr.
Chef

Ulrike
Vollpracht

Sylvie
Wohlleben

Fabienne
Freude

Elias
Freudenvoll

Gernot
Leichtermut

Otto
Paradies

H. Immerreich
Eva Zumglück
F. Gutgewinner
Albert Gutglück
D. Vielreicher
T. Findschatz
Gesa Glücklich
Elisa Vollgold
Dr. h.c. Ehrenpreis
Thomas Gutgeld
Greta Gewinner
P. Glücksmann

DER MENSCH

Pechvögel und ungerecht Benachteiligte

H. Depp
A. Frauenlos
O. Halbgewachs
E. Pechmann
H. Stammler
T. Lückenotto
J. Ohnewein
B. Nachtschaden
L. Habenichts
U. Beschorener
G. Jammerer
P. Schrumpf
C. Sondersorge
G. Flucher
O. Volltrauer
T. Untergrabner
V. Kummer
M. Halbmann
U. Kurzleben
OStR Armknecht
A. Drangsal

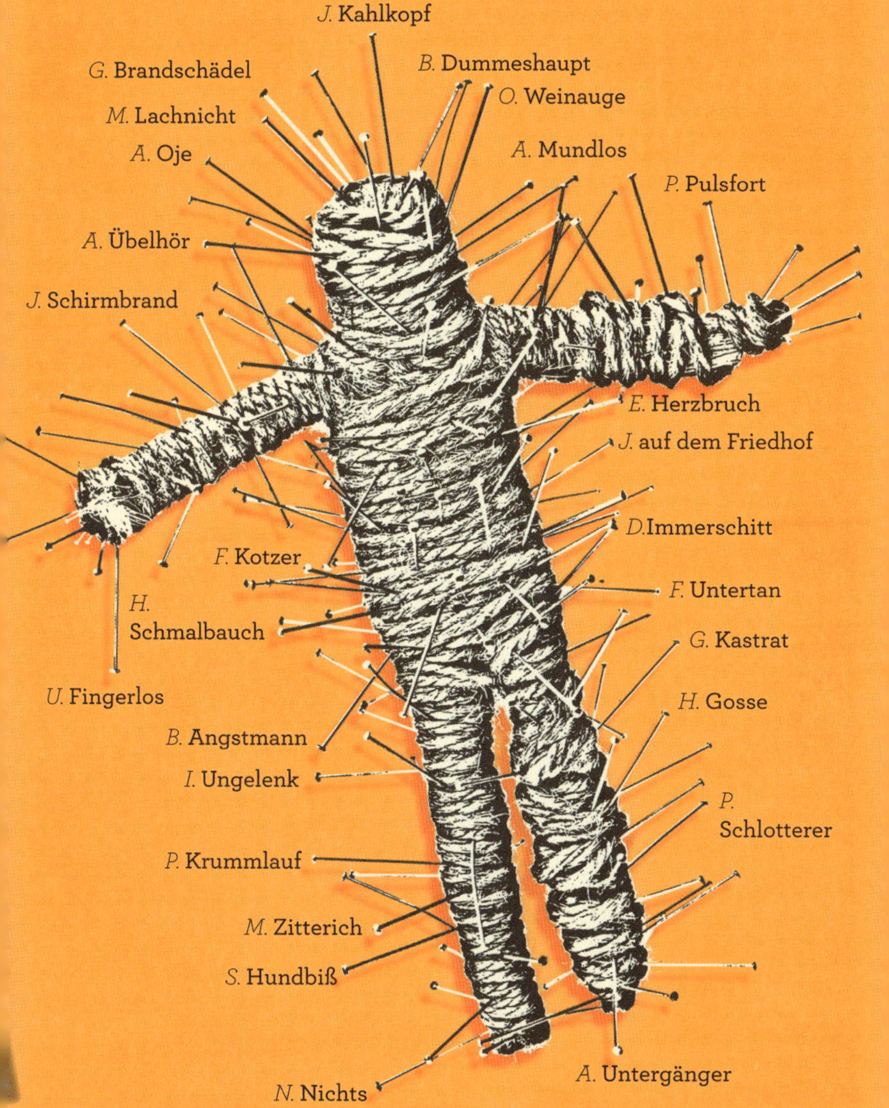
J. Kahlkopf
G. Brandschädel
B. Dummeshaupt
O. Weinauge
M. Lachnicht
A. Oje
A. Mundlos
P. Pulsfort
A. Übelhör
J. Schirmbrand
E. Herzbruch
J. auf dem Friedhof
D.Immerschitt
F. Kotzer
F. Untertan
H. Schmalbauch
G. Kastrat
U. Fingerlos
H. Gosse
B. Angstmann
I. Ungelenk
P. Schlotterer
P. Krummlauf
M. Zitterich
S. Hundbiß
A. Untergänger
N. Nichts

DER MENSCH

Echte Schlauberger

DR. D. STREBER
UNIVERSITÄT [redacted]

FORSCHUNGSSCHWERPUNKTE:

- Allgemeine Didaktik – Unterrichtsvorbereitung
- Individuelle Förderung - außerschulische Förderansätze
- Tutorielle Systeme
- Lehrerbildung

EDDA WEISHEIT

Therapeutin,
Astrologische Beraterin,
Farbgestalterin
und Künstlerin

Praxis Für Astrologie
Reinkarnationstherapie

Andreas
Überhirn

Evgenia
Leuchte

Gustl
Gelehrter

Salvatore
Klugheit

Sebastian
Prädikator

Emil
Klugermann

Corinna
Schlau

Konstantin
Patent

Wanda
Wunderhirn

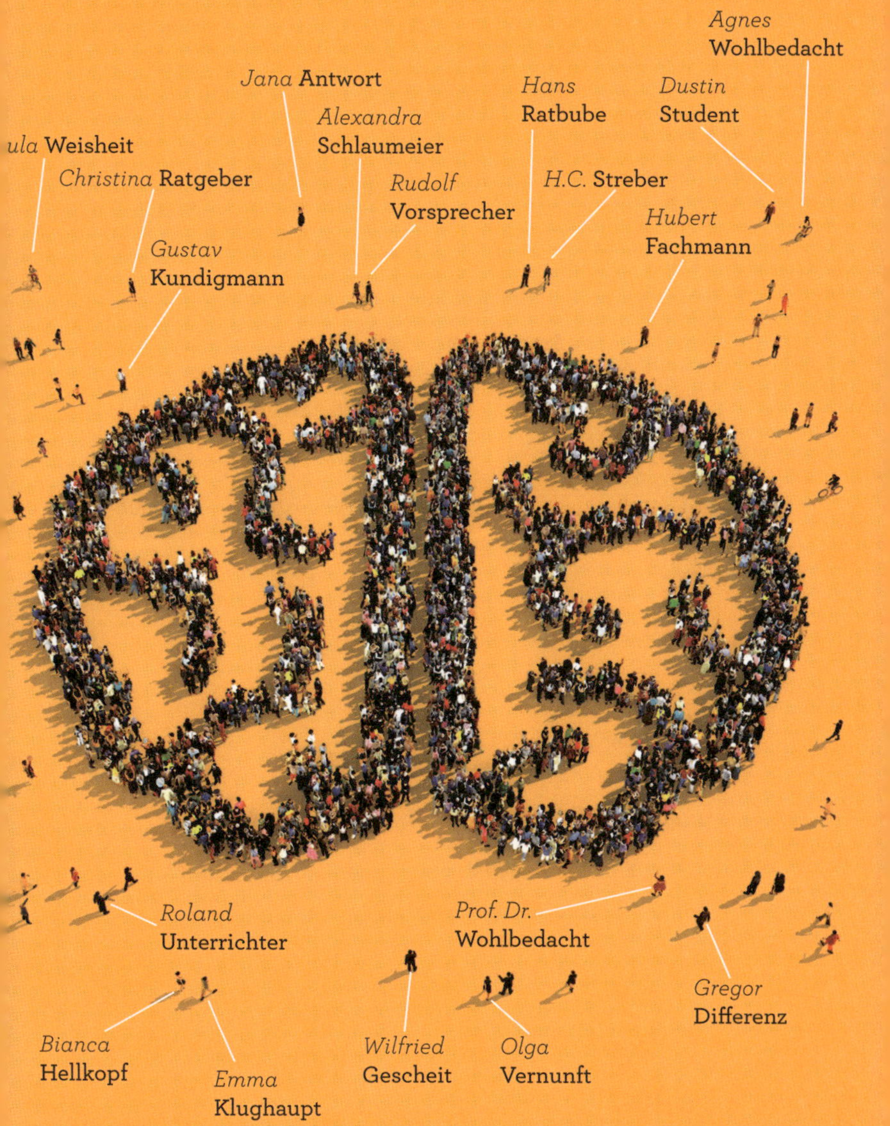
Agnes Wohlbedacht
Jana Antwort
Hans Ratbube
Dustin Student
Alexandra Schlaumeier
ula Weisheit
Christina Ratgeber
Rudolf Vorsprecher
H.C. Streber
Hubert Fachmann
Gustav Kundigmann
Roland Unterrichter
Prof. Dr. Wohlbedacht
Gregor Differenz
Bianca Hellkopf
Emma Klughaupt
Wilfried Gescheit
Olga Vernunft

Den Schalk im Nacken – Spaßvögel

STELLENANGEBOT

für **Gaukler** und **Scherzer** im gehobenen Dienst!
Ihr Profil: Ausgebildeter **Narr**, gerne **Schellenkönig** oder **Spiegelhauer**, mit mehrjähriger Praxis als **Freudenmacher** und **Schelm**.
Kalauer-Kenntnisse von Vorteil.
Erforderliche Zusatzqualifikation: Gute Beherrschung von **Regentanz** sowie Erfahrungen als **Hühnerreiter** und **Windbeißer**.

Bei Interesse kontaktieren Sie:
T. **Eulenspiegel**, Possenhofen oder
H.C.F. **von Münchhausen**, Braunschweig.

Kein **Mühlenkaspar** oder **Dullenkopf**!

Gundula Besenreiter
O. Lachmit
Z. Spielmann
Anja Freudenmacher
Schorsch Scherz
Silke Überschlag
Wolfgang Regentanz
Sören Schabernack

R. Spiegelhauer
A. Scherzer
Doris Pfeiferle
P. Hampelmann
Björn Witzigmann
Henriette Gaukler
W. Witz
Volker Mühlenkaspar

Hagen Jux
D. Hühnerreiter
Susi Windbeißer
Eduard Schelm
Anna Unfug
T. S. Kitzelmann
C. M. Unsinn
H. P. Narr

Rieke Machewitz

F. Freudigmann

Guido Gaukler

B. Blödel

Noah Flötotto

Erika Eulenspiegel

D. Dullenkopf

Lisa Tresenreiter

H. Schellenkönig

DIE ARBEIT

LUDWIG LUTSCHER E. DURC
HERESA DICK-SCHENKEL METZGEREI
TANZSCHULE HINKELBEIN
ULIAN STERNEKIEKER MARIE SC
R. SCHLAFMANN LEVIN STUHLREITER K. FETTH
ZIEGENRÜCKER AUTOHAU
FRIDOLIN FELGENTRÄGER RAPHAEL WOLKENHA
DR. B. VON HINÜBER, PATHOLOGE TH. M
PRÄZISIONSDREHTEILE PINGEL M. SORGEN
SINA WACHTMEISTER S. FEIERABEND LEONIE FISCH
DR. PILZ MICHA
RIAN SPÄTAUF LICHTANLAG
LINA EISBRENNER INA WOHLGE
A. FAULLÜMMEL W. F
T. FAUL VER
M. MATROSE MAR
MIL EINLASSER KATHARINA KU
DR. SCHIFFER UROLOGE TIM SCH
STEIN-ZIEHFREUND, ZAHNÄRZTIN
ECHTSANWALT SCHEIDUNG ZAC
DR. MED.
SACHVERSTÄNDIGE T. FREUDENMACHER
EPP SCHLEIERWÄSCHER GARTENBAU
MARGARETI
FRISEURSALON FRAUENDIENST LENN
LM PLATTENSCHLÄGER
ZOODIREKTOR ADLER BÄCKEREI B
A. SCHISSBAUER ANNA FRÜHINSFELD S
E. VOLLMACHER DIPLOMPSYCHOLOGE PFAFFEN
FAHRSCHULE BEULE
TEUERBERATER DIFFERENZ OBST-GEMÜSE-FRÜCHTE FRESS
UNWILLE INGE GEMÄCHLICH
HAUS PÖHR

TECHER HANDELSUNTERNEHMEN TEUERKAUF
THEA KUCHENBÄCKER
GFLEISCH DR. MED. HEILER PRAKTISCHER ARZT
HWEINTREIBER T. MÄGDESPRUNGER
FFENICHT ZAHNARZT DR. ZAHN
R ANTON KOPFDREHER B. VERSÄUME
LLER LUISE SPRINGINSFELD
SERVICE & TECHNIK FÜR HAUS UND HOF HELLFEUER-FICK
MANN L. STAMPFER C. PENNER
DR. MUN
ZTIN F. PSYCHOTHERAPIE
ER NELE UNVERRICHT F. QUAKER
TUHLTRÄGER INGE SPÄTAUF
NUNGSBÜRO LUX FABIAN FREITAGSMÜLLER
EN, HEBAMME H. TOTENTREIBER
NBÜSSER SCHLACHTHOF KOTZ
RIN U. BUCH
NNENGIESSER J. MÜSSIGGANG
REITER DR. OFFENLOCH, ZAHNARZT
ALDIENST D. DURCHLEUCHTER
DR. MED. BLUT, PRAKTISCHER ARZT
OHAUS ROST KURT V. SCHLEICHER
MODEGESCHÄFT WINTERMANTEL
SCHMIEDEMEISTER HEBEISEN
S ZIEGENRITTER NIKLAS ERDMENGER
TISCHE ÄRZTIN
SCH HARALD KAFFEESIEBER
ENFÄNGER ANNA-MARIA OHNEZEIT GÄRTNEREI PALME
RT RUHE JONAS MÖHRENSCHLAGE
NILS HERINGSWASCHER
ER METEOROLOGE WETTERVOGEL
FRITZ BIERFISCHER
E SPAZIERER EVELYN ENTENFÄNGER
T. AUGENDÜBLER OPTIK UND BRILLEN
R BOHRER ZAHNARZT
TERNEHMUNG STEINHAUS BERTHOLD BLEIBINHAUS
NEPOMUK GOTTESGRÄBER BESTATTUNGSINSTITUT HIMMEL
ANNES WEICHAUS DR. GROSSFUSS FACHARZT FÜR ORTHOPÄDIE
VALENTIN PAUSE

»Arbeit macht das Leben süß« – fleißige Menschen

REGIONALTYPTISCHE BERUFE:

Im Orient: **Frauenknecht, Eseltreiber, Stuhlträger, Schleierwäscher** und **Kaffeesieder**
In Deutschland: **Müllmann, Briefträger, Putzemeister, Häuslbauer, Gartenfleiß** und **Wachtmeister**
An der See: **Matrose, Fischbrater, Holzschuhmacher, Entenfänger, Heringswascher, Muckenfänger**

Emma
Eseltreiber

Michael
Stuhlträger

Sepp
Schleierwäscher

Harald
Kaffeesieder

Th.
Müllmann

Lorenzo
Briefträger

Gerold
Putzemeister

Werner
Häuslbauer

Rosina
Wachtmeister

R. M.
Matrose

Leonie
Fischbrater

Johannes
Holzschuhmacher

Evelyn
Entenfänger

Margarete
Muckenfänger

Franziska
Kuhhirt

E.
Schwitzheber

Jonas
Fesselschneider

Fridolin
Felgenträger

R.
Fleischhauer

Anna
Frühinsfeld

Wilhelm
Plattenschläger

Anna-Maria Ohnezeit

Nils Heringswascher

Blackie Schwarzfärber

Tom Hundscherer

Rainer Hasenjäger

J. Schweintreiber

Fritz Frauenknecht

Thea Kuchenbäcker

Tine Schwinghammer

Gerlinde Gartenfleiß

Leonhard Lochstampfer

»Müßiggang ist aller Laster Anfang« – Phlegmatiker

TAGEBUCHEINTRAG: DER SCHÖNTAG

Spätauf. Bleibinhaus bis **Feierabend**.
Dazwischen: **Ruhe**. Auch mein **Müßigmann** ist heut ein **Penner** und liegt im **Schönbett**. **Gemächlich** verrichtet er den **Schmaldienst**. „**Hoerauf** und mach **Pause**. **Schaffenicht**, sei einfach **Faul**." Alles bleibt **Unverricht** – **Müßiggang** ist pures **Wohlleben**. Abends sind wir **Sternekieker**. Und sinken dann in **Süßschlaf**.

Ingrid Spätauf

S. Feierabend

S. Wohlleben

Tim Schmaldienst

Nele Unverricht

Inge Gemächlich

B. Hoerauf

David Süßschlaf

Florian Spätauf

D. Unwille

Lennart Ruhe

R. Schlafmann

Sybille Spazierer

B. Versäumer

Meike Schönbett

Melanie Morgenbesser

Fabian Freitagsmüller

Ben Schlaf

C. Penner

J. Müßiggang

Johannes Weichaus

Benjamin Kunstleben

Th. Träumer

Kurt von Schleicher

Heinz Schlafheinz

Paul Schlapp

S. Feierabend

Martina Müßigmann

Berthold Bleibinhaus

A. Faullümmel

Tim Schmaldienst

Marie Schaffenicht

Jette Urlaub

T. Faul

Valentin Pause

Julian Sternekieker

Fragwürdige Tätigkeiten

NEUE ERKLÄRUNGEN FÜR ALTE NAMEN:

Eisbrenner – Pyrotechniker bei Holiday on Ice
Fetthauer – Personal Trainer für Übergewichtige
Herrgottschlosser – den ruft Petrus, wenn er die Schlüssel verlegt hat
Einlasser – Türsteher mit guter Laune
Offenmacher – Whistleblower, Investigativ-Journalist
Durchleuchter – Mitarbeiter der NSA oder anderer Geheimdienste

Fritz Bierfischer
G. Kirchenbrecher
Nikolaus Windbeißer
Levin Stuhlreiter
Nepomuk Gottesgräber
F. Quaker
Katharina Kuchenreiter
K. Fetthauer
T. Mägdesprunger

Otto Käsbohrer
Jonas Möhrenschlager
E. Durchstecher
Anton Kopfdreher
Marietta Schlagdenhaufen
A. Schißbauer
L. Stampfer
Th. Offenmacher
Mia Katzenleuchter

Niklas Erdmenger
Sebastian Ziegenrücker
W. Hosenbüßer
Theodor Herrenschneider
Alina Eisbrenner
Emil Einlasser
D. Durchleuchter
Ludwig Lutscher

Benjamin Bärenreiter

Zacharias Ziegenritter

Luise Springinsfeld

Bine Bienengräber

Raphael Wolkenhauer

M. Wurstschmied

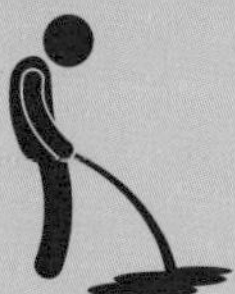

E. Vollmacher

H. Totentreiber

Josef Herrgottschlosser

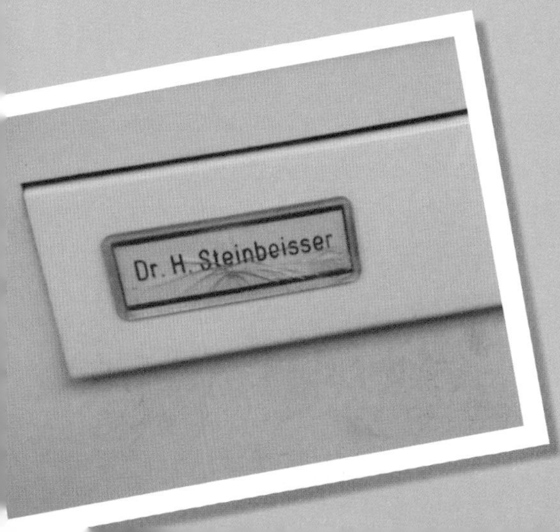

Martin Nonnengießer

Berufswahl – trotz oder gerade wegen des Namens?

DER LEBENSLAUF AUS MEDIZINISCHER SICHT

Es geht schon damit los, dass die bestellte Hebamme Inge **Storch** den Flieger aus dem Urlaub verpasst und deshalb Herr **Dr. Fleischer** die Entbindung betreut. Das verschlägt dem Kind die Sprache – der Weg zur Logopädiepraxis **Brüll** ist nicht weit.

Frau **Dr. Hackemesser** als kompetente Kinderärztin impft Sie gegen Pocken, Röteln und Masern. In der Zahnarztpraxis von **Dr. Qualen** verlieren Sie Ihre Backenzähne – wie gut, dass Sie bei seinem Kollegen **Dr. Kau** schon Implantate bestellt hatten!

Beim Umzug heben Sie sich einen Bruch und landen auf dem OP-Tisch von **Dr. Ungeheuer**. Doch keine Angst – Ihre Psychologin **Frau Sorgenfrei** rettet Sie vor Phobien aller Art.

Damit Sie auch morgen noch kraftvoll zubeißen können:

Reißaus
Zahnärztin

Dr. Karius
Zahnarzt

Dr. Kiefer
Zahnarzt

Stein-Ziehfreund
Zahnärztin

Bohrer
Zahnarzt

Dr. Offenloch
Zahnarzt

Dr. Beißer
Zahnärztin

Dr. Knebel
Zahnarzt

Dr. Zahn
Zahnarzt

Qualen
Zahnarztpraxis

Dr. med. dent. Kau
Zahnarzt

Dr. Mund
Zahnarzt

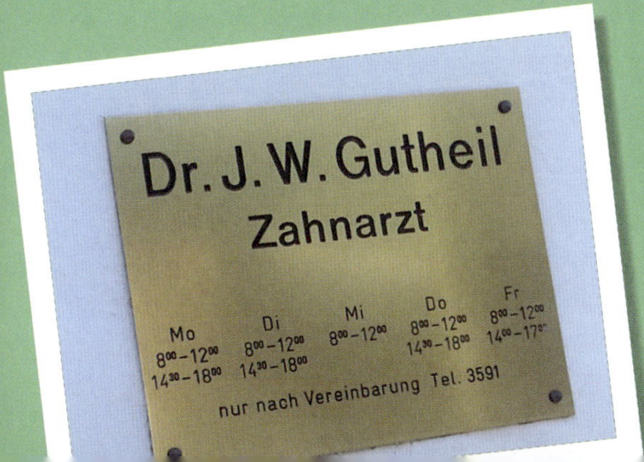

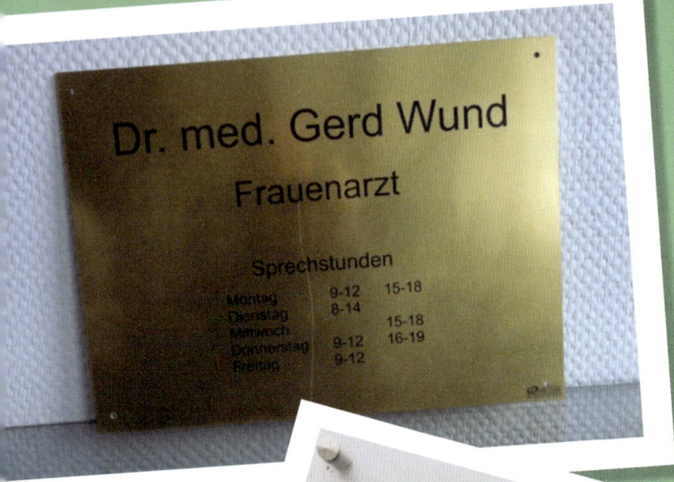

Um das Wohl der Kinder kümmern sich:

Dr. Brüll
Kinderarzt

Ina Wohlgebohren
Hebamme

Dr. Neugebohren
Kinderarzt

Dr. Kind
Kinderärztin

Mia Kind
Hebamme

Inge Storch
Hebamme

Dr. med. Hackemesser
Kinderärztin

Dr. med. Vielhauer
Kinderärztin

D. Brüll
Logopädiepraxis

Dr. med. Ungeheuer
Praktische Ärztin

Dr. med. Blut
Praktischer Arzt

Dr. Fleischer
Praxis für refraktive Chirurgie

Dr. Schlachter
Praktischer Arzt

Dr. med. Wundschock
Praktischer Arzt

Pfaffenschläger
Diplompsychologe

Dr. Pickelmann
Internist

Dr. Galle
Nierenfacharzt

M. Sorgenfrei
Ärztin f. Psychotherapie

Dr. Killer
Praktischer Arzt

R. Handlos
Massagepraxis

Dr. Decker
Frauenarzt

T. Augendübler
Optik und Brillen

Dr. Schienbein
Praktischer Arzt

Dr. Arzt
Praktischer Arzt

Dr. Zittermann
Diabetologe u. Herzspezialist

Dr. med. Heiler
Praktischer Arzt

Dr. Steinrücken
Orthopäde

Dr. Pilz
Hautarzt

Dr. Grossfuß
Facharzt für Orthopädie

Dipl. med. Kratzig
Hautärztin

Dr. Schweiß
Hautarzt

Dr. med. Uebelhoer
HNO-Ärztin

Barfuß
Fußpflegerin

Dr. Fuß
Orthopäde

Dr. Schiffer
Urologe

Dr. B. von Hinüber
Pathologe

M. Knackfuss
Physiotherapeutin

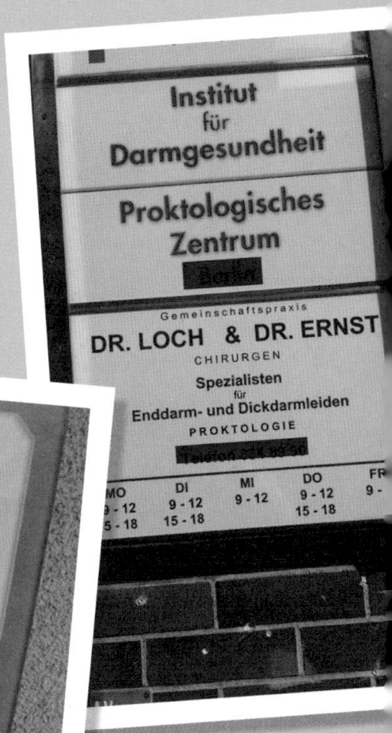

Bauleute:

Schreinerei
Handlos

Bauunternehmung
Steinhaus

Kachelöfen
Kaltofen

Zimmerei
Holzträger

Stuckgeschäft
Stuck

Dachdecker
Schindel

Holzbau
Wurm

Schmiedemeister
Hebeisen

Elektroinstallationen
Schlag

Zimmerei
Brecheisen

Sanitärbetrieb
Klomann

Architekturbüro
Neuhaus

Tischlerei
Holzkopp

Fensterputzer
Glas

Schmiede
Eisenlöffel

Bezirks-Schornsteinfegermeister
Ruß

Elektro
Zitterich

Elektriker
Zitterbart

Zimmerei
Zimmermann

Glaserei
Glas

Schreinerei
Brettschneider

Tischlerei
Birkhölzer

Lichtanlagen-Planungsbüro
Lux

Steinmetzbetrieb
Steinmetz

Bergbaubetrieb
Imberg

Service & Technik für Haus und Hof
Hellfeuer-Fick

Elektroinstallation
Schlag

ELEKTRO
LAMPE
Ihr Partner
in Sachen Technik!

säuberlich
BAD & HEIZUNG
Bad- und Fliesenausstellung | 3D-Badplanung

Qualität u. Frische
Metzgerei
Wurst
seit 1928

E
EDEKA
center Wucherpfennig
Herzlich Willkommen

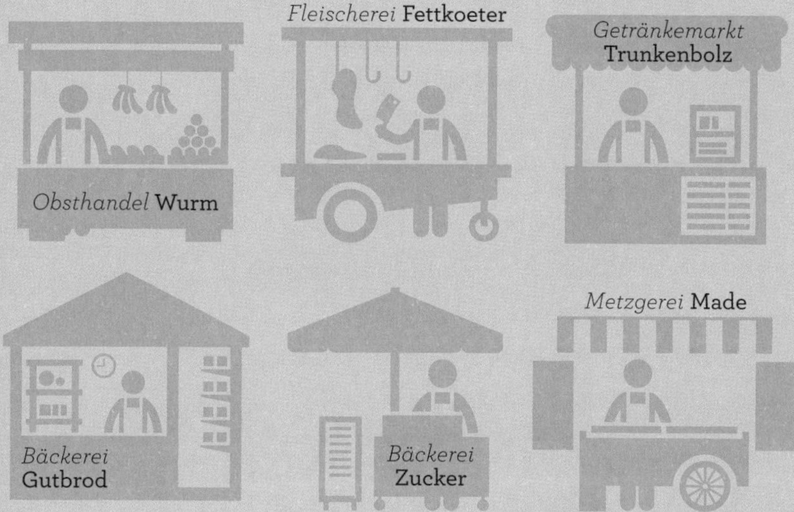

Nahrungsmacher und -verkäufer:

Metzgerei
Rindfleisch

Bäckerei
Schimmel

Metzgerei
Jungfleisch

Weingut
Weinmann

Bäckerei
Ofenloch

Brennerei
Durst

Bäckerei
Bäcker

Bäckerei
Kuchenmeister

Fleischerei
Zugwurst

Fleischerei
Kotzer

Obst-Gemüse-Früchte
Fress

Fischladen
Schwarzfischer

Schlachthof
Kotz

Geflügelhof
Stechemesser

… und andere Fachleute:

Rechtsanwalt
Scheidung

Bildhauer
Steinbeisser

Steuerberater
Differenz

Meteorologe
Wettervogel

Friseursalon
Rodemich

Schuhhaus
Stiefel

Tanzschule
Hinkelbein

Feuerwehrmann
Brand

Möbel
Morsch

Tierfutterhandel
Spinne

Fußballer
Standfest

Heiratsschwindler
Ficker

Kosmetikinstitut
Pickel

Schusterei
Schuster

Zoodirektor
Adler

Präzisionsdrehteile
Pingel

Friseursalon
Frauendienst

Verlegerin
U. Buch

Airline-Sprecher
Hauptvogel

Fußballtrainerin
Ballweg

Kosmetikinstitut
Ungeheuer

Reinigungsunternehmen
Siff

Handelsunternehmen
Teuerkauf

Suchtberater
Flasche

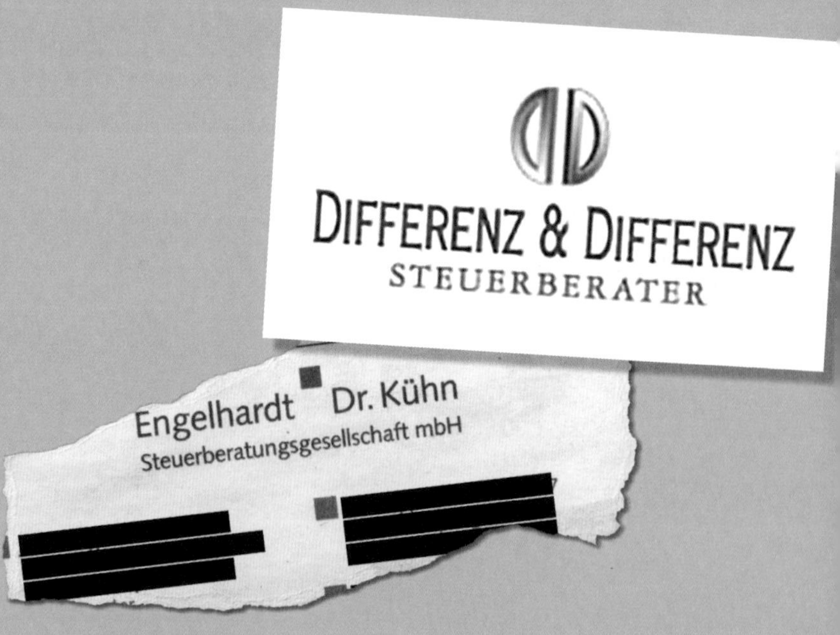

Hitzegrad-Beulen
Brennstoffe
[redacted]

Pf tis´ Hundeschule
Pf ti – HATZ!
Hundepension
Ausbildung
Therapie
Zentrum
Inhaber.Christel Pfotenhauer

Keiner
hat Kaminholz

Modegeschäft
Wintermantel

Rechtsanwältin
S. Opfer

Sachverständige
T. Freudenmacher

Steuerberater
Trick

Für schwere Zeiten:

Bestattungsinstitut
Himmel

Bestattungsinstitut
Grube

Bestattungsinstitut
Kiste

Bestattungen
Hellfeier

Pfarrer
Geist

Gärtner:

Gärtnermeister
Holger Blume

Blumenhandel
Rose

Gärtnermeister
Wurzel

Gartenbau
Gurke

Gartenpflegebetrieb
Blumengarten

Gartenbau
Zumbusch

GALA-Bau
Erdmann

Gärtnerei
Birnbaum

Gärtnerei
Palme

Gärtner
Blumensaat

Automobilisten und Fuhrleute

Autohaus
Schaden

Autohaus
Röhrkasten

Autohaus
Wohlfahrt

Autowerkstatt
Beule

Autohaus
Rost

Fahrschule
Beule

Schnell-Lieferservice
Eiler

Autohaus
Theuerkauf

Fahrschule
Folter

Autohaus
Röhr

Autohaus
Killer

Fahrschule
Rausch

Autohaus
Nix

Fahrschule
Hupraum

Autohaus
Liebe

www.FUHRMANN-Nutzfahrzeuge.de

Fahrschule
SCHROTT

FAHRSCHULE-FOLTER

autohaus
RÖHRKASTEN
vorm. Heinrich & Sohn

Autohaus Röhrkasten oHG
[redacted]

FRAU
[redacted]

[redacted]
Banken
[redacted]

Betriebs-Nr. 124
Auftrags-Nr. N 180
Datum 23.0
Kunden-Nr.
Abn.-Gr. 40

Amtl. Kennzeichen	Typ/Modell	Fahrzeug/Ident-Nr.	Zulassungstag	Annahmetag	km-Stand	KD-Me
[redacted]			19.07.01	23.01.02	5801	

Freigabe: 8010 58
Seite:

ÜBERTRAG EUR 61,9

```
**********************************************************
*  Begleichen Sie bitte folgenden Betrag:    71,90 EURO.  *
**********************************************************
Nachrichtlicher Rechnungsbetrag   140,62 DM
```

TÜV CERT DIN ISO 9002

Arbeitspreis	Material/Fahrzeug	Umsatzsteuer	Austausch-Altwert	USt. auf Altwert	Agenturware lt. Rg.*	Gesamt-Betrag
0,00	61,98	9,92	0,00	0,00	0,00	71,90*

RO 61,98

Die Leistungen wurden zwischen Aufnahme- und Rechnungstag (§ 14 Abs. 1, Ziffer 4 UStG.) erbracht. Die Lieferung von Agenturware erfolgt im Namen und auf Rechnung der Mineralölgesellschaft.
*Ggf. enthaltene USt. ist den beigefügten Belegen zu entnehmen. Die Lieferung von Originalteilen für Volkswagen und Audi erfolgt zu den im Verkaufsraum ausgehängten Lieferbedingungen.

Zahlbar ohne Abzug.

DAS GANZE LEBEN IN DEN GELBEN SEITEN

Der **Kinderarzt Neugebohren** gratuliert Ihren stolzen Eltern zur Geburt des Stammhalters. In der Pubertät rettet Sie **Hautarzt Dr. Pilz** und schickt Sie ins **Kosmetikinstitut Pickel**. Voller Selbstbewusstsein überzeugen Sie die **Fußballtrainerin Ballweg** von Ihren Fähigkeiten und schießen im Endspiel drei Tore. Zur Belohnung gibt es vom **Autohaus Röhrkasten** einen flotten Flitzer. Nach der Lehre in der **Schreinerei Handlos** arbeiten Sie für das **Architekturbüro Neuhaus**. Vom ersten Gehalt kaufen Sie einen Strauß beim **Blumenhandel Rose** und beeindrucken Ihre Angebetete so sehr, dass Sie beim **Pfarrer Geist** das Aufgebot bestellt. Nur neun Monate später entbindet der **Frauenarzt Dr. Decker** Ihre Frau von Drillingen. Mumps, Masern, Mandelentzündungen - **Kinderarzt Böse** wohnt gleich um die Ecke. Hamster & Co. werden bei **Tierarzt Dr. Bock** gesund gepflegt. Irgendwann warnt Sie Ihr **Steuerberater Differenz**, dass Sie über Ihre Verhältnisse leben… Die Sorge treibt Sie immer öfter in die **Gaststätte Frischbier**. Das Auto steht nach dem letzten Unfall in der **Reparaturwerkstatt Schaden** – Ihr **Suchtberater Flasche** rät dringend zur Abstinenz! Mit neuen Kontaktlinsen von **Optik und Brillen Augendübler** gehen Ihnen die Augen auf – und Sie verlangen bei **Rechtsanwalt Scheidung** das Ende Ihrer Ehe. Danach entrümpelt das **Reinigungsunternehmen Siff** Ihre Wohnung. Die neue Lampe von **Elektro Zitterich** versetzt Ihnen einen Schlag und Sie landen im Krankenhaus. Nach der Diagnose von **Diabetologe u. Herzspezialist Dr. Zittermann** bleibt Ihnen nur noch der Weg zum **Bestattungsinstitut Grube**. Anschließend suchen Sie sich bei der **Urnentechnik Aschenbrenner** Ihr letztes Zuhause aus. Und besprechen mit dem **Steinmetzbetrieb Steinmetz** die Größe des Grabsteins. Ihr bester Freund ist bald der **Friedhofsgärtner Tod**.

DIE LEBENS-FREUDEN

SCHAUZU U. BLAUKOPF
MANFRED FRISCHWASS
T. GASSENHAUER B. SUCHENTRUN
C.M.SAUERHERIN
B.BIERGIESSER F. HAMMELBRÜHE E. EIERB
OSKAR KEKS G. SCHWEINEBR
OHANNA GOSSENBROT P. ORGELMEISTER
A. VOLL TH. L. KÄSEWASSER
MAUL G. SÄNGER
E. MAMPF H. GASSENHAUER Y. ZEUG
ÜBERDICK P. PUFF G. FRISCHBI
NGMEISTER S. SAUFER W. WILLIGMAN
L. BALLAST
P. PARISER JASMIN HONIG C. WEIN
M. BALLON ELISA SPECK P. POPPER B. BOCKWUR
LUDERFINGER Z.E. ZIEGENMIL
CHOR
ERPAUL
CHT
KOPF
GIERIG
MEL
DWEIN
NGER
INGER
GER W. WEINSCHREIER M. MOHRENSTECHER N. LAUTENSCH
SCHENKEL K. KLARMACHER
L. MUSIKANT S. SCHAUMWE
BIERSINGER JAKOB BRATHUHN SAM
CHMAUL K.KUCHENBEISSER G. DORFSTECHER
KONRAD KNOCHENM
FETT Y. FREUDENMACHER NAOMI S
MMEL CH. FETTKÄS SCHAUZU M
RODT T. FIDELBOGEN D. ZECHER
T. STRAMM KÄTH
G. FRESSER F
JULIANE BITTERBIER
SERAFINA SCHMATZ

IKOLAUS WURST
. SCHEIDEREITER D. DROGE
R
N D. HENGST
ILIE RINDERSPIESS CASPAR BUTTERM
IRSING VALERIA FRÜHSTÜCK F. WE
BLEISCHWER DR. TRIEBFÜRST V. VOLLHALS FELIX FLOH S. SEX G. VIELWEIB
OCKER R. RAMMELMANN H. VIELLIEBER
EB S. SCHENKEBIER
HENK N.KUSSTATSCHER ELENOR EF
RNELIUS SAUERKRAUT
VEISSBIER JENS BLUTWURST
NEUHUNGER G. FUTT
KA ZÄH K.-H. TENOR
ANZVERDORBEN D. SCHWANGER
FÜLLMICH VALENTINA SCHÖNZART LEONIE KNÖDEL D. FEUERSINGER
GROSSE-BEILAGE BERNHARD BUTTERBROT
TRUNKENWALTER F. BLASENBR
PILLEMANN T. SOMMERLATT
R W. WEINKÜBEL MADELEINE SÜSSTRINKLI E. STECHER G. WEINGENU
REITMEISTER MANFRED NACHTWEIN V. NIMMICH F. FREIER
SÜLZFLEISCH W. FÜLLSACK
W. WEINHEBER SEPP KUHBIER T. TUR
MIGUEL KINDERBIER
M. MUNDSCHENK K. A. ENTENEIER F. BIERSCHE
UNDSINGER LARS TROMMELS
F. KUGE
HEISSWASSER FRIEDERIKE BUTTERKLOS
B. VÖGELER M.
Z-JOSEF SCHMACKPFEFFER
FFIST U. SCHÖNSCHWANZ
KERSTIN LUTSCHER

DIE LEBENSFREUDEN

»Essen und Trinken hält Leib und Seele zusammen« – Kulinarisches

(nicht immer genießbar)

Manfred
Entenquark

Frieda
Magersuppe

Ulf
Wirsing

Gernot
Trockenbrodt

Serafina
Schmatz

Linus
Gurke

J. P.
Eierkuchen

Patrick
Brathering

Franz-Josef
Schmackpfeffer

Oskar
Pustkuchen

K. A.
Enteneier

Friederike
Butterkloß

Jasmin
Honig

Johann
Bierei

Eric
Allerlei

Johanna
Gossenbrot

Th.
Schimpfkäse

Leonie
Knödel

Georg
Windbeutel

Konrad
Knochenmus

Valentino
Salat

WIRTSHAUS SCHMERBAUCH & FRESSER

Unser Chefkoch **Großkloß** empfiehlt heute:

VORSPEISE

Blasenbrei an **Knochenmus**, dazu altbackenes **Gossenbrot**

Leberwurst im **Windbeutel**

ZWISCHENGANG

Magersuppe vom **Ziegenspeck**

Bockwurst mit **Erbsenmus** und **Bierei**

HAUPTGERICHT

Rinderspieß mit **Schmackpfeffer** und **Wirsing**

Schweinebraten mit **Allerlei** und **Butterkloß**

DESSERT

Pustkuchen mit **Honig**

Entenquark mit **Süßspeck**

Schimpfkäse mit **Weintraub** und **Trockenbrodt**

GETRÄNKEEMPFEHLUNG

Schambier vom Fass

Kuhbier im Euterglas

2013er **Frohwein** (Rheinhessen)

Prickelndes **Krautwasser** oder stilles **Rohrwasser**

Zum Dessert **Nachtwein**, **Süßtrinkli** oder **Käsewasser**

Samuel
Krümel

Selina
Erdnuss

Pia
Schokolinski

Oskar
Keks

Manuel
Banani

Kerstin
Lutscher

Margarethe
Erbsenmus

Jens
Blutwurst

Elenor
Erdbeer

Jakob
Brathuhn
Ch.
Fettkäs
Bernhard
Butterbrot
B.
Süßspeck
W.
Ziegenspeck
Lennart
Knoblauch
Tim
Große-Beilage
Nikolaus
Wurst
C.M.
Sauerhering
Fabio
Zitron

Cora
Andreasdotter

Cornelius
Sauerkraut

Hermine
Semmel

Janosch
Schmatzenteig

Henning
Schubmehl

Familie
Rinderspieß

D.
Ziegenfraß

Titus
Großkloß

Gunther
Weintraub

Laurin
Eier

Valeria
Frühstück

Naomi
Senf

Florentine
Köstlich

Annika
Zäh

Kilian
Salzig

Oliver
Saftig

Tilda
Fettig

Valentina
Schönzart

Max
Wohlgeschmack

Marlene
Schwarte

Samuel
Sülzfleisch

Elisa
Speck

F.
Hammelbrühe

Z.
Hackfleisch

Leo
Eisbein

Leonard
Rindfleisch

Maja
Kuhschmalz

G.
Schweinebraten

I.
Hähnchen

L.
Salami

O.
Hirnwurst

B.
Bockwurst

S.
Schweinefleisch

Mika
Bratvogel

Finja
Blasenbrei

GETRÄNKE
Katharina
Kakao
Lasse
Fanta
Carlotta
Sauerwein
Joshua
Rohrwasser
Korbinian
Kaffee
Gudrun
Katzentrunk
Caspar
Buttermilch
Th. L.
Käsewasser
Mario
Krautwasser
Käthe
Heißwasser
Angelo
Rotwein
Z.E.
Ziegenmilch
Hedda
Altwein
Madeleine
Süßtrinkl
Manfre
Nachtwei
Manfre
Frischwasse
Manfre
Frohwei

…kulinarisch einfach mehr erleben!
FRISCHBIER'S
RESTAURANT · GARTENTERRASSE · GÄSTEZIMMER

Die wirklich schönen Dinge im Leben … … machen dick

NA UND?

Der Koch G. **Bauch** verwöhnt die Promis

Die Bäckerei **Kugel** wurde schon mehrfach ausgezeichnet

Unvergessen als Frank'N'Furter in der Rocky Horror Picture Show: **Tim Curry**

T. Bleischwer
G. Fresser
H. Zunehmer
A. Tonne
G. Greifzu
S. Fettermann
F. Feistkohl
C. Fettkopf
U. Fladenesser
H. Neuhunger
D. Dickermann
J. Vollschüssel

B. Tausendpfun
K. Besserdick
E. Schwarte
M. Ballon
P. Schmerbauch
I. Vornfett
R. Speckesser
E. Eieresser
A. Fischesser
G. Futterleib
T. Bombe
W. Füllsack

S. Sattlecker
G. Bauch
Th. Suppenesser
B. Überdick
I. Fresshans
Ch.-T. Schwermann
W. Vollhals
R. Fleischfresser
H. Immervoll
C. Füllmich
D. Schmiermund
L. Ballast
B. Wegesser
V. Futterer
T. Curry
F. Kugel
N. Essegern
O. Feist
T. Futtersack
J. Weitmaul
L. Kuhfresser
P. Pauseback
Dr. phil. Fett
S. Stopfkuchen
K. Kuchenbeißer
E. Mampf
Z. Zufraß

… sind unmoralisch

DABEI KLINGEN SIE SO LUSTIG:

Eierfind – Küßwieder – Luderfinger – Nimmich - Willigmann

Stolze Namensträger sind: Schauspieler T. **Sommerlatte**;
A. **Wichser** – Profi-Eishockeyspieler; R. **Mösenlechner** – Skirennläuferin;
S. **Niggli-Luder** – Orientierungsläuferin.
Der Bordellbetreiber O. **Schwanz** erlangte nicht nur im Milieu eine Art Kultstatus.
Den Philosophen Karl **Popper** machte seine Idee der offenen Gesellschaften berühmt – nicht zu verwechseln mit offenen Beziehungen!

J. Trieb
D. Schwanger
G. Dorfstecher
Y. Luder
V. Nimmich
N. Lustmann
S. Sex
Dr. Triebfürst
U. Ungestüm
G. Vielkind
M. Mohrenstecher
K. Bläsi

A. Wollust
S. Scheide
K. Küßwieder
F. Wichser
U. Unterpaul
G. Ganzverdorben
W. Gierig
L. Liebenleib
B. Vögeler
P. Puff
Y. Zeuger
G. Vielweib

M. Massengeil
A. Verführt
R. Reitmeister
U. Mösenlechner
H. Verliebter
E. Stecher
K. Liebhaber
I. Rammler
N. Kußtatscher
L. Lust
D. Hengst
B. Pimmel

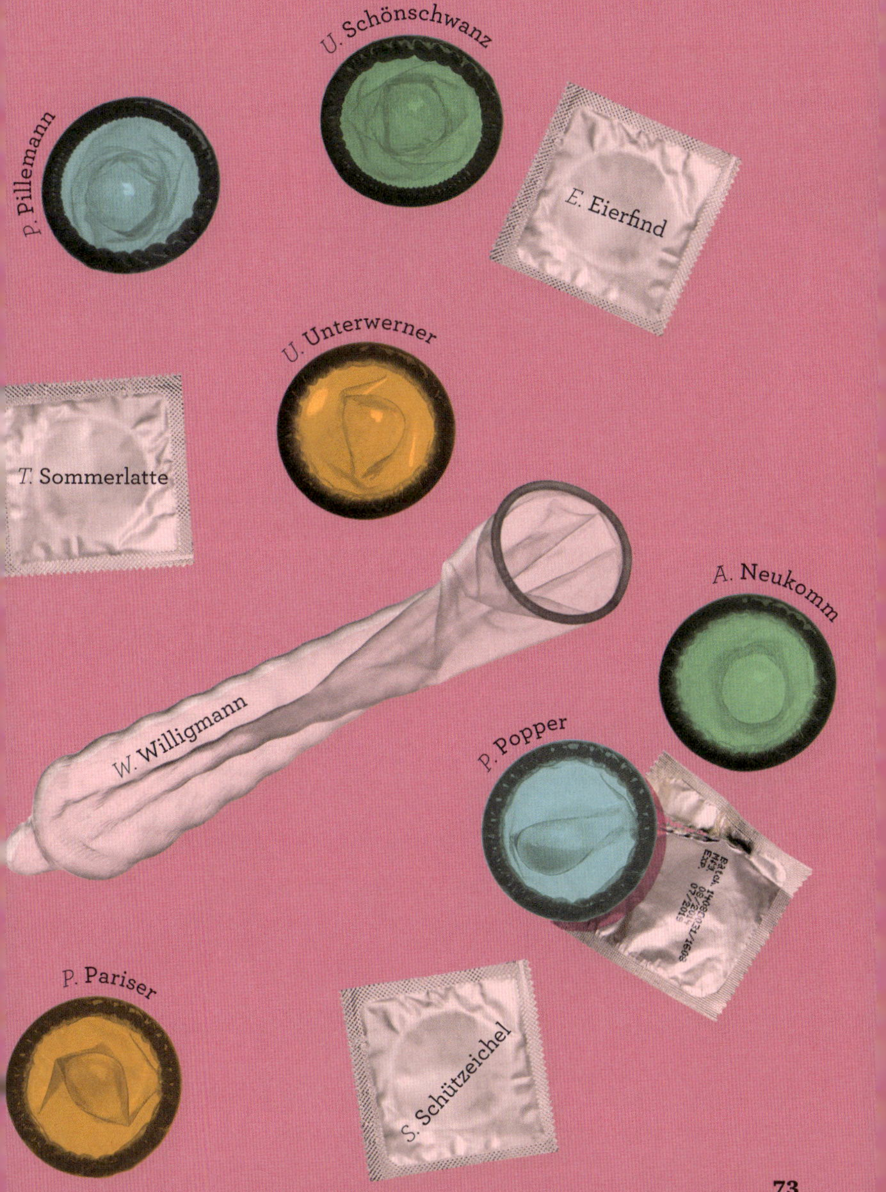
U. Schönschwanz
P. Pillemann
E. Eierfind
U. Unterwerner
T. Sommerlatte
A. Neukomm
W. Willigmann
P. Popper
P. Pariser
S. Schützeichel

Jungverdorben

Mägdefessel

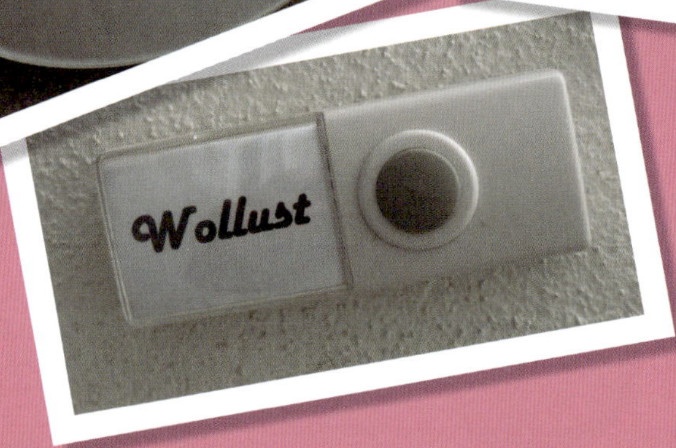
Wollust

Spitzmacher
Klaffschenkel
Feuchtenbeiner
Notheiß
Jungfrauendienst
Nimmesgern
Luderfinger
Swinger
Großkneter

A. Überreiter
G. Bitsch
H. Viellieber
O. Geil
K. Klarmacher
B. Busen
Th. Scheidereiter
A.-M. Vorbau
R. Rammelkammer
S. Streichelmann
V. Wixfort
R. Rammelmann
J. Kindmacher
F. Frauenritt
F. Freier
G. Geschrei
E. Feuerreiter
N. Nachtrieb
O. Schwanz
G. Geilmann
Y. Freudenmacher
K. Kleinpoppen
B. Feucht
F. Vermehren

... oder verboten

GESPRÄCHE ZU SPÄTER STUNDE AN DER THEKE:

»Alle da? **Füllbier**?« – »ja!« »**Saufaus** und **Füllmich**?« – »ja!« »**Zutrink**?« – »ja!« – »**Mundschenk, Fehlbier**?« – »jaaaa!«
»**Wohlsein**!« – »**Prost** und **Stürzebecher** wollen **Freibier**!« – »Klar, **Trinkaus**«

F. Freibier
I. Immervoll
A. Stürzebecher
W. Weingeber
D. Füllbier
M. Metbräuer
G. Oberpichler
R. Rotwein
R. Raucher
W. Wohlsein
F. Bierfreund
W. Weinkübel
L. Leerfreund
St. Tieftrunk

A. Voll
H. Weinzapf
F. Trinkaus
D. Zecher
W. Wein-Keller
F. Trinker
G. Weingenug
S. Schenkebier
V. Vollhals
M. Mengebier
B. Bierzapf
K. Kornprobst
P. Metschnabel
C. Weinschenk

B. Biergießer
D. Zechmeister
T. Schluckebier
M. Saufaus
B. Suchentrunk
F. Füllmich
H. Radler
W. Weinschreier
B. Braukessel
M. Mengewein
A. Bierschwall
T. Stramm
F. Füllbecher
I. Frühtrunk

U. Blaukopf
P. Zutrink
G. Frischbier
S. Schaumwein
B. Bierhals
H. Bierhansl
Q. Stummvoll
W. Weiswein
S. Saufer
C. Fehlbier
M. Mundschenk
G. Gebwein
N. Mögebier
R. Rauchheld
T. Trunkenbold
W. Weinheber
V. Bierfaß
B. Prost
I. Paffen

Alles ist Musik

Die Musikszene kennt so einige seltsame Erscheinungen. Eine der berühmtesten ist der **Gassenhauer**. Aber haben Sie schon mal vom **Laubengeiger** gehört? Steht der statt in der Fußgängerzone in dicht belaubten Gärten? Sternsinger kennt man, die sammeln für gute Zwecke. Aber wofür sammeln **Zahnsinger**, **Mundsinger** und **Feuersinger**? **Biersinger** findet man in großer Auswahl auf dem Oktoberfest, wo sie im **Chor Ohrenschall** produzieren.

A. Lalla
L. Musikant
M. Hornbläser
H. Musik
M. Zahnsinger
Z. Chor
C. Trommler

T. Gassenhauer
G. Sänger
S. Flöte
B. Biersinger
F. Geige
M. Mundsinger
K.-H. Tenor
T. Fidelbogen

O. Organist
P. Laubengeiger
A. Jodler
L. Pauker
P. Note
N. Lautenschläger
F. Kapelle
K. Sangmeister
S. Hundsinger
H. Gassenhauer
G. Trompeter
Dr. Schallsinger
F. Piano
P. Orgelmeister
B. Streicher
T. Turmblaser

D. Hardrock · E. Geigenfeind · P. Schüttelkopf
C. Ohrenschall · B. Rocker · D. Schreier
D. Feuersinger · V. Röhrkasten
A. Schallhorn · Lars Trommelschläger

DIE NATUR

GENWIND HINRICH HITZ
RAUCHWETTER SABRINA SEIDEN
ZIESELMAUS SINA SCHNEE FIONA
ISTHAMMEL VANESSA BACKFISCH SIM
A MÜCKE WOLFGANG STREITWOLF
JENS DISTELZWEIG
MORITZ MORGENROT UDO UNGEWITTER GUIDO GUSSREGEN
HOLGER HOHLBAUM RICHARD REGEN
ACHTIGALL NOAH NORDW
WOLFGANG WESPE TIERARZT VOGE
HUMMER IRENE IR
ROGER REGENBOGEN LEO LE
TIERARZT DR. BOCK ABBIG
GREGOR GOLDFISCH
LLHASE A. Z
NE ZEITBLUM
NIE SPINNE KI
RA MAUSEHUND PIA
EIKO HIMMELFARB
LMANFRED MANNFROS
ND W. REGENTAG TIERARZ
ERARZT HUMMEL MANFRE
STEFAN STEINNEBEL GAB
ALYSS
JENS-PAUL ELEFANT FRA
BERTRAM HOLZHAI NATALIE NASSWETTER TIERARZT DR. SPECHT
RMINE STOLZHIRSCH SABINE
SCHÖNWETTER TIERAR
GREGOR GOTTESWINTER
BASTIAN BÄRENSTRAUC
NGSTWURM BENJAMIN BIERGANS PIE
WALTER WATTENSCHNEE

AD JACOB YELLOSTORM M. LEIC
TIERARZT
PE RENATE RÜBE
HUT
SCHNEIDEWIND KILIAN ZIERVOGEL
S NIEDERSCHLAG KILIAN KLIMA MAIKE MADE
RZTIN KAMEL DOMIAN DONNE
P FAM. BRAUSEWETTER ZI
THEODOR TANNENZAPF LEO SCHACHTSCHABE
PROF. DR. SONNE FELIX FLOH KILIA
SANG BERTRAM HOLZHAI DR. VOGEL R
KATHARINA KALTENSCHNEE
IT MAX HETZEHASE KOLJA SIEBENHÜHNER
D MANFRED MUNDIGEL BETTINA SAUTIER
KAI BÜFFEL HUBERT HÄHNCHEN
ABENDROT HANS EICH
CHS SOPHIE SONNENSTRAHL
IN KÜHLWIND W. WIND
KREIDEWOLF NELLIE NEBEL ALMA ACKERF
FERLING KONSTANTIN KÄLBCHEN
LA BRUMMELBÄR MANFRED MORGENTAU
MUEL SAUSEWIND NILS LANGERHUN
ADLER FRITZ WALFISCH
ERLAUS TRISTAN TRÜBSWETTER
L GOTTSCHNEE BETTINA STOCKFIS
METTERLING KORBINIAN KUCK
FROST T. FROMMESEL K.AFFE
HANS HANFSTENGEL
AGREGEN STEWART STURM TIERARZT DR. HUHN
IGEL NADINE NACHTNEBE
WOLF-DIETRICH WOLK
AIMUND RATTE OTTO ORKAN BERNHARD BRA
OLGA OSTERHAMMEL BELLA
E PIEPGRAS O. OS

DIE NATUR

Echt tierisch – wirkliche und unwirkliche Viecher

KENNEN SIE DIE?

Der **Oberhummer** ist der Chef am Strand
Der **Sauerhering** ist die beleidigte Leberwurst im Schwarm
Die **Siebenhühner** sorgen die ganze Woche für's frische Frühstücksei
Der **Frommesel** darf nach kirchlicher Prüfung an die Krippe
Der **Osterhammel** muss dran glauben, wenn das Osterlamm zu klein ist für den Hunger der Großfamilie
Die **Schachtschabe** ist bei Bergleuten gefürchtet
Den **Kreidewolf** kennt man als Trickbetrüger aus dem Märchen »Der Wolf und die 7 Geißlein«
Der **Hetzehase** dreht den Spieß um und hetzt den Jagdhund übers Feld
Der **Mausehund** gilt als treuer Begleiter des Taschendiebs

Manfred
Vaterlaus

Sabrina
Seidenraupe

Olaf
Oberhummer

Bertha
Bißwurm

Mila
Mücke

Steffi
Sauerhering

Lorenzo
Nachtigall

Olga
Osterhammel

Wolfgang
Wespe

T.
Frommesel

Nils
Langerhund

Maike
Made

Jens-Paul Elefant

Fritz Walfisch

Dora Schnecke

Leo Leopard

Felix Floh

Dennis Raubvogl

Finja Fledermaus

Gregor Goldfisch

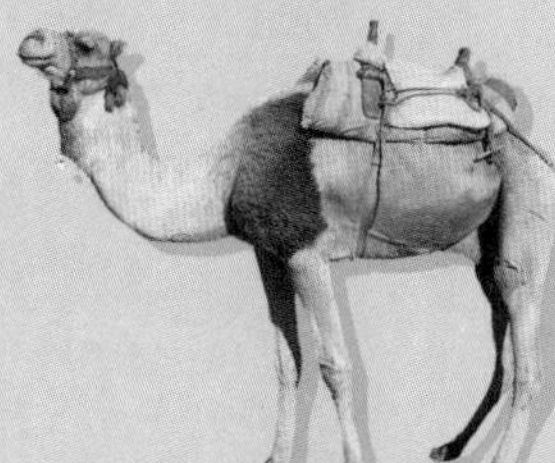

Tierärztin Kamel

Alyssa Schmetterling

Raimund Ratte

Kai Büffel

Hubert
Hähnchen

Amelie
Angstwurm

Heather
Holzwurm

Kilian
Kreidewolf

K.
Affe

Max
Hetzehase

Korbinian
Kuckuck

Vanessa
Backfisch

Alma
Ackerpferd

Annalisa
Wetterhahn

L.
Feisthammel

Leonie
Spinne

Walter
Wollhase

Bettina
Stockfisch

Konstantin
Kälbchen

Mira
Mausehund

Holly
Turteltaub

Zita
Zieselmaus

Tierarzt
Dr. Vogel

Tierarzt
Dr. Fuchs

Tierarzt
Dr. Adler

Tierarzt
Dr. Fettköther

Tierarzt
Dr. Bock

Tierarzt
Vogelgesang

Tierarzt
Igel

Tierarzt
Dr. Specht

Tierarzt
Dr. Huhn

Tierarzt
Hummel

Leo Schachtschabe

Bertram Holzhai

Wolfgang Streitwolf

Hermine Stolzhirsch

Benjamin Biergans

Manfred Mundigel

Amelie Zeitfuchs

Bella Brummelbär

Kilian Ziervogel

Kolja Siebenhühner

Jan Übelwurm

Bettina Sautier

DIE NATUR

In realen und surrealen Pflanzenwelten

Dank Genforschung gibt es erstaunliche Neuzüchtungen:
Piepgras, das bei Betreten lauthalms piept, ersetzt das Schild »Betreten verboten!«
Beim **Egelkraut** handelt es sich um die vegane Variante des Blutegels.
Am **Busenbaum** ernten Schönheitschirurgen Iso-zertifizierte Bio-Implantate.
Reifegerste gibt es in zwei Sorten: als Mittlere Reifegerste und als Hochschul Reifegerste. Frühstücksflocken am Morgen und ein Bier am Abend aus der entsprechenden Sorte helfen beim Lernen auf die Prüfung.
Der **Finsterbusch** – eine Züchtung skandinavischer und russischer Botaniker – soll Schlafstörungen während der weißen Nächte verringern.

Konrad
Pflaumenbaum

Elvira
Raupenstrauch

Herbert
Krummenast

Anna-Maria
Faulbaum

Vanessa
Bohnenstengel

Peter
Petersilie

Margarita
Siebzehnrübl

Harald
Knolle

Olga
Eisenblätter

Katrin
Klettchen

Markus
Goldkorn

Jörg
Blumensaat

Sepp
Bitterkraut

Johanna
Kürbis

Olivia
Egelkraut

Alexandra
Reifegerste

Holly
Knospe

Mario
Kohlstrunk

Jens Distelzweig

Pia Pfifferling

Hans Hanfstengel

Kai Kleeblatt

Theodor Tannenzapf

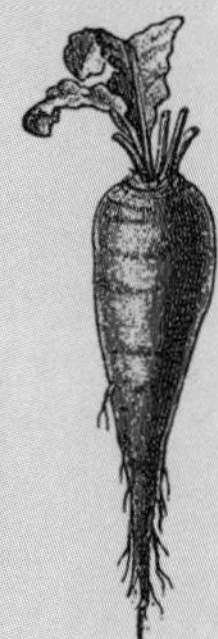

Renate Rübe

Hans Eichel

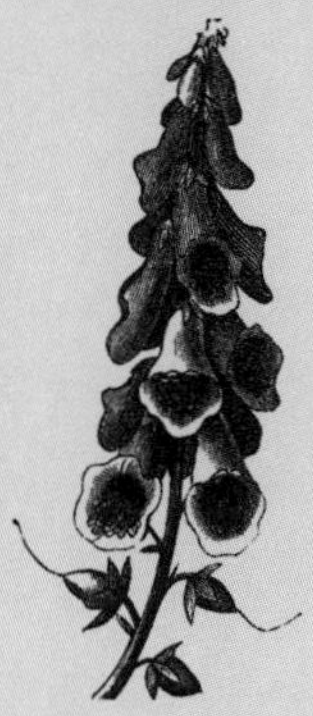

Fiona Fingerhut

Holger Hopfenrebe

Emil
Espenlaub

Wolfgang
Wurzel

Natalie
Nußkern

Rosalie
Rübenstrunk

Gregor
Grünblatt

Waldemar
Winterling

Bella
Blumenstiel

Konrad
Krautstengel

F.
Fickbaum

Schorsch
Schnittlauch

Nils
Nesselsamen

Genevieve
Großer-Busch

Ben
Bäumchen

Kilian
Kornblum

Philipp
Pflaumenkern

Sonja
Schönlaub

Ulli
Unkraut

Stavros
Stachel

Walter
Wadenklee

Melanie
Muskatblüt

Erika Schlaghecke

Helene Zeitblum

Finn Finsterbusch

Holger Hohlbaum

M. Leichenstengel

Berta Busenbaum

Pierre Piepgras

Doris Dürrbaum

Bastian Bärenstrauch

DIE NATUR

Wetterphänomene von bekannter und recht sonderbarer Art

Unter **Morgentau**, **Donner** oder **Ostwind** kann man sich ja leicht etwas vorstellen. Auch **Brausewind**, **Niederschlag** und **Sonnenschein** sind geläufig. Aber was ist **Steinnebel** – und wie verhält man sich da als Autofahrer? Liegt der Himmel in **Windwehen**, gebiert er dann einen **Orkan**? Worin unterscheidet sich **Wattenschnee** vom **Kaltenschnee**? Und kennt der **Gotteswinter** den **Regenbogen**? Malt das **Irrlicht** mit dem **Sonnenstrahl** eine neue **Himmelfarb**? Über all diese Fragen senkt sich der **Nachtnebel** und die Reste verweht am Morgen der **Sausewind**...

Bernhard
Brausewind

Natalie
Nasswetter

Irene
Irrlicht

Guido
Gußregen

Kilian
Klima

Abbigail
Abendrot

Stewart
Sturm

Manfred
Morgentau

Samuel
Sausewind

Nadine
Nachtnebel

Wolf-Dietrich
Wolke

Domian
Donner

Wiebke
Windig

Heiko
Himmelfarb

Stefan
Steinnebel

Hinrich Hitzegrad
Sina Schönwetter
Selina Sonnenschein
Roger Regenbogen
Rafael Rauchwetter
Moritz Morgenrot
Richard Regentrop
Fam. Brausewetter
Kerstin Kühlwind
Jacob Yellostorm
Nellie Nebel
Dr. Gegenwind
Sabine Schlagregen
Willi Windwehen
Walter Wattenschnee
Gregor Gotteswinter
Katharina Kaltenschnee

Prof. Dr. Sonne
Sophie Sonnenstrahl
Gloria Gutwetter
Olaf Ostwind
Niklas Niederschlag
S. und W. Regentag
Udo Ungewitter
Noah Nordwind
Otto Orkan
Kunibert Kühlwetter
Tristan Trübswetter
Sina Schnee
Simon Schneidewind
Gabriel Gottschnee
Selina Schneewind
Manfred Mannfrost
Frank Frost

HILDEGARD HIMMELGEIST PROF. DR
EVA EWIGLEBEN GABRIE
LYDIA L
AMELIE ARMPRIEST
RA NONNENPREDIGER FRANZ-JOSEF C
FAMILIE GEIST PASTOR HALB
HEIDELINDE HEILIGER HEDI HEXMANN EMM
NFRED GOTTDIENER PIA PAPST
ULF UNGNADE NEELE NE
PAUL PFÖRTNER VON DER HÖLLE M. APOSTEL
HEINRICH HIMMELFEIND SEP
SDENTEUFEL GEOFF
ROBST WINFRIED
KEN KEN
GNAD

DIE RELIGION

S
HOLGER HÖLLWART FRITZ FÜRCHTEGOT
CHRIST
HEDWIG PFAFF
OTTLICHER
STANISLAUS STUHLPFARRER SE
SCILLA PROPHET JULIAN JUDAS
USCHI UNGLAUBE HEIDI HEIDENB
ELENE HEILIGENSTOSSER KILIAN KI
JOHANNES HÖLLEBRAND VICTOR VOLLGNAD K. KREUZTRÄGER
SAMUEL SÜNDERHAFT
EMMELIE ENGELEIN CHRISTINE CHRISTUS
NORA NONNE
ANTONIA PROBST PIA PAPST
UWE UNCHR

PELHERR GABRIEL CHORENGE
IER MARLENE MANNTEUFEL
MM NORA NONNE HEINO HEILAND K. KREUZTRÄG
R KIRA KIRCHÜBEL
UBIN K.-H. SCHLAGENTEUFEL
FFE CHRISTINE CHRISTUS DAVID DÄMON
LIE ENGELEIN T. SA
UFEL GEROLD GLAUBRECHT
ELIGMACHER MARIA JESUS
SIEGFRIED SCHULP
GOTTHEIT THADDÄUS TEUF
FREDERICK FREIDENK NILS NE
ER P. PFAFFE HOLGER HÖLLENRIEG
TT UWE UN
TTFRIED GOTTSKNECHT WENDELIN WETTENGEL
UDMILLA LIEBEGOTT SAMUEL SÜND
PHILI
ERIBERT HEIDE VERONIKA VERL
ERINA SEELLOS THOMAS TAUSENDT
CHANDWERK PHILIPP PREDIGER NILS NEUTEUFE
CHLÄGER SYBILLE SÜNDERHAUF
MA SEINWILL HANN
SAMUE
KI KIRCHENBRAND LOTTE LOBEGO
SCHLÄGER HAGEN HÖLLE
IA GOTTFREUND GOLDA GOTTL
NNAH HALBTEUFEL
GLAUBRECHT HEIDELINDE HEILIGER
T HOLGER HÖLLENRIEGEL PAS
P. PFAFF

DIE RELIGION

Von Heilsbringern und Erleuchteten

Glauberecht und **Lebfromm**, **Lobegott** und **Hassdenteufel**. **Kenngott** und seine **Wunder**. Dann tragen dich **Tausendengel** zum **Heiland**. **Christus** verleiht dir das **Ewigleben**. Doch gib acht und sei kein **Wettengel**, sondern bleib auch als **Himmelgeist** ein rechter **Gottdiener**.

Gernot
Gütiggott

Kilian
Kreuzträger

Philipp
Prediger

Nora
Nonne

Gerold
Glaubrecht

Familie
Geist

Lydia
Lebfromm

Prof. Dr.
Tempelherr

Eva
Ewigleben

Gabriel
Chorengel

Hildegard
Himmelgeist

Gloria
Gottfreund

Amelie
Armpriester

K.-H.
Schlagenteufel

Victor
Vollgnad

Manfred
Gottdiener

Pastor
Halbpfaffe

Matti
Apostel

Franz-Josef **Cherubin** · *Nora* **Nonnenprediger** · *Lotte* **Lobegott**

Emmelie **Engelein** · *Gottlieb* **Göttlicher**

Heino **Heiland** · *Christine* **Christus** · *Priscilla* **Prophet** · *Wendelin* **Wettengel**

Sepp **Seligmacher** · *Maria* **Jesus** · *Siegfried* **Schulpfaff**

Fritz **Fürchtegott** · *Heidelinde* **Heiliger** · *Golda* **Gottleib** · *Stanislaus* **Stuhlpfarrer**

Yannick **Christ** · *Geoffrey* **Gottheit** · *Selma* **Seinwill**

Antonia **Probst** · *Gabriel* **Gotthier**

H. **Hassdenteufel** · *Winfried* **Wunder** · *Ludmilla* **Liebegott** · *Pia* **Papst**

Patricia **Pfaffe** · *Ken* **Kenngott** · *Gottfried* **Gottsknecht**

»... wer aber nicht glaubt, der wird verdammt werden.«

HAB ACHT!

Der **Höllwart** bringt die **Neuteufel** und **Halbteufel** zum **Sünderhauf**. Dort stehen sie **Seellos** im **Hölldampf**. Erst wenn der **Pförtner von der Hölle** und der Rat der **Neunteufel** ihr **Schandwerk** geprüft haben und sie als wahres **Kirchübel** in strenge **Sünderhaft** nehmen, erhalten sie **Heidenblut** und **Höllenriegel** als Speis und Trank. Als **Dämon** oder **Mannteufel** kehren sie zurück und verdingen sich als **Heiligenstoßer** und **Pfaffenschläger**. Ihr **Unglaube** erschafft im Dienst von **Satan** noch mehr **Himmelfeind**.

Holger
Höllwart
Ulf
Ungnade
Heinrich
Himmelfeind
Hedi
Hexmann
Samuel
Sünderhaft

Th. Schandwerk
Thaddäus
Teufel
Heribert
Heide
Nils
Neuteufel
Holger
Höllenriegel

T. Satan
Hagen
Hölle
Heidi
Heidenblut
Uwe
Unchrist
Veronika
Verlorensohn

»… WER ABER NICHT GLAUBT, DER WIRD VERDAMMT WERDEN.«

Kilian
Kirchschläger

Paul
Pförtner von der Hölle

Kiki
Kirchenbrand

Uschi
Unglaube

Thomas
Tausendteufel

Julian
Judas

Hannah
Halbteufel

Felix
Unselig

Helene
Heiligenstoßer

Hedwig
Pfaffenschläger

Johannes
Höllebrand

Neele
Neunteufel

Serina
Seellos

Sybille
Sünderhauf

Marlene
Mannteufel

Kira
Kirchübel

Frederick
Freidenk

Hope
Hölldampf

Sullivan
Sünder

David
Dämon

DIES & DAS

A QUETSCHPFENNIG P. BALLWEG M.-TH.
PP WULF WUCHERPFENNIG
ÖLLER FENJA PINKERNELLE
PEGGY SCHINDEHÜTTE
MARIA MOOSHUT PROF. DR. DUDA
XKÜLL ALEXANDRA SCHWINGENSCHUH
ENBRAND KASPAR KNÜLLER
TRAUERNICHT VIOLA WIXWAT
VORNDRAN LUTZ UNTEROBERDÖRSTE
ERGSTEIGER RENE BLEIBINHAUS ANTON KOPFDREHE
ÜSSENPFENNIG HERBERT HERRENKAPPE
HÜTZEICHEL BRUNA KOHLE INGRID FLEISCHH
AT FÜNFSCHILLING JULIA JUNGENDRESS
CLEMENS KNOCHENDÄPPEL SEYFRIED SCHIMMELPFENNIG
PEL BORIS DREIDOPPEL D. DOLLAR
KLINGELHUT BLACKY PULVER X.
AUFDERHEIDE ANNKATHRIN ASCHE CECILIA CEN
HARD REDEGELD JACK OBERTHEUER
UBALLA BILL BILLIG BLASIUS WINDPFENN
PFENNIG HELENA SCHÖNMANTEL
CHSIA DAX ZOE ZITTENZI
UMSONST
Z MACHEWURST SIMON SCHLOTTER
ND W. MUSCHELKNAUTZ
SIGURD SCHWEISSHELM HANNAH HALSBA
OTTENROTT ST. STÜ
S. SIEG
MATTHIAS RINDWOLLE
RIK SUCHENSINN DOLLY SCH
REICH JONATHAN STRITTMAT
KLUMMELSCHUH

DIES & DAS

Gute Tipps für alle Lebenslagen

Schweigstill, Besserdich, Hörauf, Säumenicht, Waschenpelz, Lebfromm und **Suchensinn** – alles Ermahnungen, die man nicht mag. Viel lieber hört man doch: **Tanzwohl, Greifzu, Erbgut, Machrauch, Schluckebier, Sorgenicht, Bleibso**!

Nicki
Schweigstill

Dietmar
Liebetreu

Axel
Schluckebier

Nora
Kehrwieder

Leonie
Springinsfeld

Lars
Kaufholz

Emilia
Sparschuh

Nikolai
Bleibtreu

Thorben
Fürchtegott

Yannik
Waschenpelz

Malte
Nimmesgern

Anna-Lena
Findekeller

Armin
Lebfromm

Moritz
Machewurst

Bea
Besserdich

Rico
Tragefleisch

Ingo
Hörauf

Bruno
Löschenbrand

Olga
Fahrschön

Linda
Glaubrecht

Hendrik
Trauernicht

Kathie
Kaufhaus

Frederik
Suchensinn

Sina
Springinklee

Gitta
Lachnicht

Marvin
Sparbier

Kevin
Schnappauf

Britta
Sorgenicht

Reinhard
Kehraus

Jonas
Schlagzu

Linda
Sparwasser

Hans-Georg
Lebsanft

Lydia
Hupfauf

Xenia
Bleibso

Liselotte
Stehfest

Tatjana
Tanzwohl

Bodo
Bringezu

Cindy
Ehehalt

Peggy
Schauzu

Mareike
Schüttfort

Kalle
Findeklee

Mira
Greifzu

Johann
Spalteholz

Gunnar
Fürchtenicht

Hartmut
Haltaufderheide

Till
Erbgut

Jan-Niklas
Trinkaus

Dolores
Säumenicht

Lukas
Machrauch

Rene
Bleibinhaus

Sascha
Steigauf

Theresa
Reißaus

Joschka
Schützeichel

Marita
Sparbrot

DIES & DAS

Wunderbar sonderbar

NEUE KINDERREIME

Unteroberdörster – wer wird heute Förster?
Wixwat – **Üxküll** – **Umundum**
Niemand dreht sich nach mir um!
Hottenrott und **Pinkepank**
Sonst sitzt er weiter auf der Bank.
Pinkernelle Dingeldein
wirst als nächste dran sein.
Duda, Lölle, Pfopf
Die Mütze auf den Kopf!
Nunnunsun und **Binkebank**
Räum die Sachen in den Schrank!

Hannah
Hallepapp

Fiete
Wedderwille

Marlene
Schonkebonk

Fenja
Pinkernelle

Magnus
Hupperschwiller

Baron
Üxküll

Bruno
Buballa

Lutz
Unteroberdörster

Bodo
Buff

Franziska
Hackmack

Clemens
Knochendäppel

Pia
Pinkepank

Bertrand
Binkebank

Enno
Trappeltrai

Scott
Zwicki

Lisa
Lillepopp

Norbert
Nununsun

Larissa
Krullewater

Olga
Oolo

Gina
Yblagger

Tiffany
Querüber

Björn Scriptrix • Lissy Weichhart
Elaine Thiesbrummel • Alina Armenreich • Magnus Tintelnot
Yvonne Yollo • Rob Hottenrott • Chiara Pampel • Familie Dingeldein
A. und W. Muschelknautz • Samir Xixa • Sascha Oberüber • Antje Umundum
Jonathan Strittmatter • Kai-Uwe Pinkernelle • Wiebke Pümpel • Boris Dreidoppel
Noah Nix • Liane Strickstrack • Bonita Blubb • Iwan Warwas • Freiherr von Muffel
Kuno Ballerstaller • Prof. Dr. Duda • Zoe Zittenzieher • Kurt Kurrmurr
Muriel Muh • Roberto Zitzewitz • Frieda Firlefanz • Kaspar Knüller
Liberty Lightfoot • Mareike Schlotböller • Kunibert Kurzkurt
Heribert Hintenhoch • Volkmar Vorndran • Jakob Yaakoob
Pauline Puffpaff • Viola Wixwat

DIES & DAS

Money, Money, Money

DER PFENNIG (PECUNIA PARVA)

Der Pfennig war bis Ende des 20. Jhs. als kleinste Finanzeinheit in Benutzung. Man kannte schon im Mittelalter den zum Sparen bestimmten **Kistenpfennig**. Bei unsachgemäßer Lagerung entwickelte sich ein grünlicher Belag – man sprach dann vom **Schimmelpfennig**. Geldverleiher forderten bei kleineren Beträgen regelmäßig einen **Wucherpfennig**. In konjunkturell leichtlebigen Phasen kannte man den **Windpfennig**.In manchen Regionen entwickelte sich der Brauch des »**Küssenpfennig**«. Für eine kurze Zeit nach der Einführung des Euro gab es den sog. **Wendepfennig**.

Tim
Trinkgeld

Chiara
Quetschpfennig

Moni
Money

Ole
Opfergeld

Murat
Münze

Seyfried
Schimmelpfennig

Familie
Zins

Alina
Altgeld

Prof.
Rappsilber

Gesine
Geldmacher

Wulf
Wucherpfennig

Hartmut
Harttaler

Kumani
Küssenpfennig

Huge
Hundertmark

Annkathrin
Asche

Bill Billig • *Kalle* Zehnpfennig
Fuchsia Dax • *Wendelin* Wendepfennig
Geheimrat Fünfschilling • *Aurelia* Pfennig
Halma Halbemark • *Cecilia* Cent
Blasius Windpfennig • *D.* Dollar
Jack Obertheuer • *Blacky* Pulver
Kirstin Kistenpfennig • *Bruna* Kohle
Gerhard Redegeld • *Dr. K. U.* Umsonst
Dolly Schotter

DIES & DAS

»Kleider machen Leute«

Seit dem Mittelalter haben sich für verschieden Handwerke und Berufe spezifische Berufstrachten entwickelt. Doch auch in der modernen Großküche erkennt man die Spezialisten:
In der Metzgerei steht am Schwingsbeil der Meister im **Rotmantel**. Den Bäcker erkennen Sie an seiner **Mehlhose**, den Bratenkoch am **Fleischhut**, den Soßenkoch am **Kümmelschuh**. In der Nachtischabteilung trägt man dagegen **Bittekleid** und **Zuckermantel**.

Ingrid
Fleischhut

Jonathan
Hochgürtel

Malte
Mütze

Wulf
Wundschuh

Adrian
Mehlhose

Robin
Klingelhut

Alexandra
Schwingenschuh

Maria
Mooshut

Matthias
Rindwolle

Katrin
Kümmelschuh

Hannah
Halsband

Rosa
Kleidchen

Simon
Schlotterhose

Helge
Halbrock

Wolf
Wintermantel

Sigurd
Schweißhelm

Fiona
Filzhut

Coco
Zuckermantel

Herbert
Herrenkappe

Helena
Schönmantel

Julia
Jungendress

Enno
Eisenhut

Stine
Stiefel

X.
Muff

Ferdinand Feistmantel

Wiebke Scheidenmantel

Manfred Kappenzipfel

Nancy Nachthaube

Rosi Rotmantel

Arnold Langenmantel

Familie Knopf

Ralf Bittekleid

Carsten Kleinjäckle

Nikolaus Hose

Lothar Schittenhelm

Karin Katzenmantel

Simon Halstuch

Emma Sommerschuh

effi Siebenkittel

Liselotte Zuckmantel

Emilia Sparschuh

Timo Schöntuch

Helen Hautkappe

Bertram Busenleder

Silke Schlüpfer

DIES & DAS

Sportlich, sportlich

Schindehütte – die ideale Adresse für alle, die weiter, höher, schneller unterwegs sein wollen.
Nach zehn Kilometern Strecke plagt Sie die **Marathonitis**? Nicht bei uns: Mit dem Stretching-Programm „**Streckfuß**" laufen Sie mit dem **Trabschuh** locker als **Sieger** ins **Stadion** ein!
Unsere **Wettläufer** sind **Gewinner**, für **Stürmer**, **Torwart** oder **Libero** haben wir den richtigen **Trainer**.
Sie lieben **Golf**? Doch immer wieder ist der **Ballweg**? Mit unseren Trainern **Ballmann** und **Schlagnitweit** lernen Sie den richtigen **Abschlag**. Und Ihr Ball trifft wie eine ferngelenkte **Rakete** ins Loch!

R. Rakete
Björn Trainer
Anton Abschlag
P. Ballweg
Timmy Radler
Annika Anlauf
Moritz Zähringen
G. Golf

A. Stadion
Brenda Bergsteiger
Theodor Trabschuh
M.-Th. Armbrust
Thorsten Torwart
S. Sieger
Selina Schwimmer
Peggy Schindehütte

B. Boxer
Mara Marathonitis
Emil Streckfuß
L. Libero
Wolfram Wettläufer
Beatrice Ballmann
St. Stürmer
Konstantin Kletterer

Uwe Ungelenk

Paula Schießleder

Kalle Taucher

Lydia Schlagnitweit

Sigurd Gewinner

Ingo Yoga

Kuno Turnvogel

Wotan Wellenreiter

URKUNDE

[redacted] Waghals

Klasse 2

belegte beim
FRÜHJAHRSCROSSLAUF 1999
der EUROPASCHULE GRÜNEWALDE
den

1. Platz

Sportlehrer

Schulleiterin

Grünewalde, den 30. April 1999

KURIOSE NAMEN

Kleine Nachlese

Rainer Y

Dr. med. Günter Schlau
Arzt

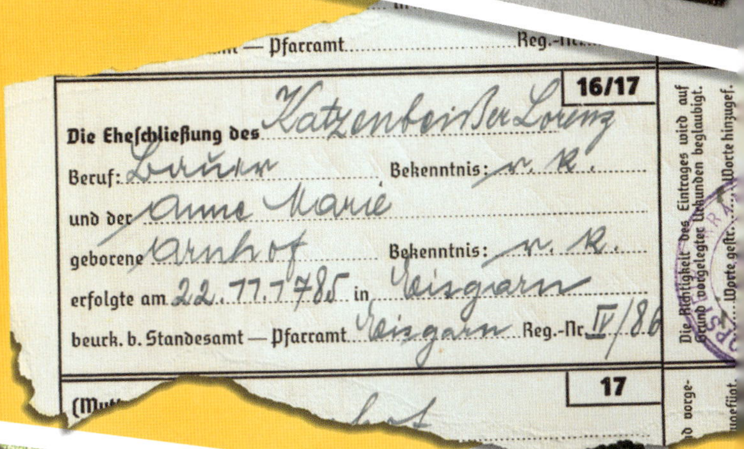

— Pfarramt Reg.-Nr.
16/17
Die Eheschließung des Katzenbeißer Lorenz
Beruf: Bekenntnis:
und der
geborene Bekenntnis:
erfolgte am in
beurk. b. Standesamt — Pfarramt Reg.-Nr. IV/86
Die Richtigkeit des Eintrages wird auf Grund vorgelegter Urkunden beglaubigt.
Worte gestr. Worte hinzugef.
17

Nick
1
Nachbar

reusch
reusch
NICK NACHBAR
NICK NACHBAR